AF723938

Arbeitshilfe Religion inklusiv

Grundstufe und Sekundarstufe I

Anita Müller-Friese
Praxisband: Jesus Christus

Im Auftrag der Religionspädagogischen Projektentwicklung in Baden und Württemberg (RPE) herausgegeben von Uwe Hauser und Stefan Hermann

Calwer Verlag Stuttgart

Die Autorin
PD Dr. Anita Müller-Friese, Pfarrerin und Diplom-Sonderpädagogin, war Studienleiterin am Religionspädagogischen Institut der Evangelischen Kirche in Baden und ist Privatdozentin an der Pädagogischen Hochschule in Karlsruhe.

Dank
Vielen Dank meinem Kollegen PD Dr. Wolfhard Schweiker für die vielfältige und sehr kollegiale Unterstützung und Beratung.
Viele Kolleginnen und Kollegen haben Teile des Materials bei Studientagungen erprobt und kritisch kommentiert; das hat zur Verbesserung der Qualität entscheidend beigetragen.
Dem RPI danke ich für ideelle und praktische Unterstützung und dem Calwer Verlag, besonders Frau Stephanie Schönhof, für die geduldige und beharrliche Betreuung der Arbeit.

Bild- und Textnachweise sind jeweils an entsprechender Stelle vermerkt.
Leider war es nicht möglich, alle Urheber zu ermitteln. Betroffene Inhaber/innen von urheberrechtlichen Ansprüchen bitten wir, sich beim Verlag zu melden.

Bibeltexte
Die enthaltenen Bibeltexte sind eigene Nacherzählungen einer Bibelstelle und entsprechen nicht dem Wortlaut einer bestimmten Bibelübersetzung.

Abkürzungen

AHR-i	Arbeitshilfe Religion inklusiv	EG	Evangelisches Gesangbuch
LuL	Lehrerinnen und Lehrer	LJ	Liederbuch für die Jugend, Gütersloh [22]2006
RU	Religionsunterricht	LJ neu	Kommt und singt – Liederbuch für die Jugend, Gütersloh 2015
SuS	Schülerinnen und Schüler		

Bibliografische Information der Deutschen Bibliothek
Die Deutsche Bibliothek verzeichnet diese Publikation in der Deutschen Nationalbibliografie; detaillierte bibliografische Daten sind im Internet über *http://dnb.ddb.de* abrufbar.

ISBN 978-3-7668-4352-4

© 2017 by Calwer Verlag GmbH Bücher und Medien, Stuttgart
Alle Rechte vorbehalten.
Satz und Herstellung: Karin Class, Calwer Verlag
Umschlaggestaltung: Rainer E. Rühl, Alsheim
Zeichnungen: Angelica Guckes, Leinfelden-Echterdingen
Druck und Verarbeitung: Mazowieckie Centrum Poligrafii –
05-270 Marki (Polen) – ul. Słoneczna 3C – www.buecherdrucken24.de

Internet: www.calwer.com
E-Mail: info@calwer.com

Inhalt

Gemeinsamer Unterricht von jungen Menschen mit und ohne Behinderungen gewinnt in Deutschland zunehmend an Bedeutung. Damit stehen Schule und Unterricht vor neuen Herausforderungen, die das Schulprogramm und das Schulleben insgesamt wie auch den Unterricht im Einzelnen betreffen. Die Heterogenität der Lerngruppen macht es ebenso wie die unterschiedlichen Bildungspläne unabdingbar, das Lernangebot an die jeweiligen Voraussetzungen der Gruppe und der einzelnen Schülerinnen und Schüler anzupassen. Stichworte wie innere Differenzierung, individuelles Lernen und die Gestaltung des Miteinanders, die in der Reformpädagogik eine lange Tradition haben, werden nun auch für den regulären Unterricht in der allgemeinen Schule interessant und bedeutsam.

Religionsunterricht ist von dieser Veränderung ebenso betroffen wie jedes andere Fach. Vieles von dem, was pädagogisch diskutiert wird, trifft auf Grundanliegen religiöser Bildung: die Wahrnehmung des Individuums in seiner Einzigartigkeit, die Wertschätzung des Subjekts, die Bedeutung des achtsamen Umgangs miteinander, ebenso wie Toleranz gegenüber dem Fremden, Hinwendung zu den Schwachen, helfen und sich helfen lassen und vieles mehr.

Anderes ist eine Herausforderung: organisatorisch bedingte Stundenplanpositionen des Fachs, konfessionelle Trennung der Lerngruppen; Unterrichtende, die zum Teil nur im Religionsunterricht in der Klasse sind, Schwierigkeiten bei der Organisation der sonderpädagogischen Begleitung im Fach Religion[1].

Jedenfalls kann und darf sich der Religionsunterricht nicht aus der Diskussion um den gemeinsamen Unterricht heraushalten und die Unterrichtenden müssen sich auf die Herausforderungen einstellen und können die Chancen nutzen, die sich daraus ergeben.

Dies ist die Ausgangslage für die vorliegende Arbeitshilfe; mit ihr werden ganz konkrete Ideen für inklusives Unterrichten vorgelegt, die den Lehrkräften bei der Planung und Vorbereitung ihres Unterrichts helfen.

Folgende Grundsätze sind dabei leitend:

1. Die Kompetenzen, auf die die Unterrichtsideen zielen, sind an den Bildungsplänen der Grund-, Haupt- und Realschulen sowie der Schulen mit den Förderschwerpunkten »Lernen« und »geistige Entwicklung« orientiert.
2. Lernzieldifferentes Arbeiten ist sowohl in Richtung auf die Bildungspläne der Förderschulen zu denken und zu planen wie in Richtung auf unterschiedlich anspruchsvolle Anforderungen im Rahmen der Bildungspläne der allgemeinen Schulen. Aus diesem Grund werden zu jeder Dimension die Vorschläge für Grundstufe (Klasse 1–4) und Hauptstufe (Klasse 5–9) in einem Band angeboten. Dadurch wird die Lehrkraft in die Lage versetzt, ein breites, differenziertes Angebot vorzubereiten. Sie kann dabei alle Begabungen und Lernmöglichkeiten der Schülerinnen und Schüler berücksichtigen, intellektuell anspruchsvolle Zugänge ebenso ermöglichen, wie elementare Formen des Lernens. Es wird empfohlen, die einzelnen Ideen auf die Verwendbarkeit in der jeweiligen Lerngruppe zu prüfen und gegebenenfalls mit Elementen aus anderen Bausteinen zu ergänzen. Außer-

1 Vgl. dazu ausführlich: Wolfhard Schweiker, Arbeitshilfe Religion inklusiv. Grundstufe und Sekundarstufe I. Basisband: Einführung, Grundlagen und Methoden, Stuttgart 2012.

dem sollten über das hier Dargestellte hinaus auch andere Unterrichtsideen und methodisch-didaktische Einführungen herangezogen und nach den Kriterien inklusiver Didaktik modifiziert werden.

3. Die Lernmöglichkeiten und -anforderungen der Materialien sind bewusst breit differenziert. Sie bieten allen Schülerinnen und Schülern basale Zugangswege (s.u.). Darauf aufbauend nehmen die kognitiven Anforderungen schrittweise zu. Damit wird der Tatsache Rechnung getragen, dass in heterogenen Lerngruppen nicht alle das Gleiche lernen können und sollen, jede/r aber seinen individuellen Fähigkeiten entsprechende Förderung erhält.
4. Die Ideen sind exemplarisch konzipiert und erheben nicht den Anspruch, die Dimension inhaltlich vollständig abzudecken. Sie wollen aber sehr wohl modellhaft verstanden werden und der Lehrkraft helfen, eigene Themen entsprechend zu planen. Ziel ist es, einen inklusiven Weg der Unterrichtsplanung und Durchführung aufzuzeigen, der dann auf weitere Kompetenzen und Themen angewandt werden kann. Insofern versteht sich diese Arbeitshilfe als Ergänzung und Erweiterung bestehender Arbeitshilfen für Grundstufe und Sekundarstufe I (vgl. Literaturhinweise).
5. Die Themen der »Arbeitshilfe Religion inklusiv« sind an den Dimensionen religiösen Lernens ausgerichtet, die den Bildungsplänen aller Schularten in Baden-Württemberg zugrunde liegen. Die Bildungspläne anderer Bundesländer sind auch bei unterschiedlichem Aufbau bezogen auf Inhalte und Kompetenzen durchaus vergleichbar. Daraus ergibt sich die folgende Planung: Ein Grundlagenband enthält neben der pädagogisch-religionspädagogischen Begründung inklusiven (Religions-)unterrichts eine ausführliche Darstellung der Methoden, die sich besonders in heterogenen Lerngruppen bewährt haben. Die thematisch orientierten Bände zu den Dimensionen »Bibel und Welt« (Band 2); »Kirche(n) und Religionen / Weltanschauungen« (Band 3) sind bereits erschienen. Der vorliegende Band hat das Thema »Jesus Christus« (Band 4); der letzte Band »Gott und Mensch« (Band 5) ist in Planung.
6. Die im Folgenden dargestellten exemplarischen Unterrichtsideen bieten differenzierte Wege der Aneignung[2], hervorgehoben ist der jeweils zentrale Aneignungsweg. Sind mehrere Wege markiert, können die Schülerinnen und Schüler gleichzeitig an differenzierten Aufgaben oder miteinander arbeiten. Vorschläge, die explizit für alle gemeinsam gelten, sind entsprechend gekennzeichnet.

Dieses Zeichen bedeutet: 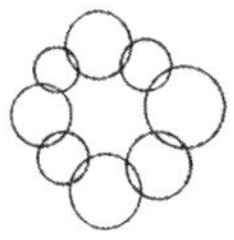 Alle tun oder erleben etwas gemeinsam.

Differenzierte Angebote nach den vier Zugangswegen bzw. Aneignungsformen sind mit folgenden Zeichen gekennzeichnet:

basal-perzeptiv

konkret-handelnd

anschaulich-modellhaft

abstrakt-begrifflich

2 Vgl. zu den Zugangswegen und Aneignungsformen auch: AHR-i. Basisband, S. 41–44.

Basal-perzeptive Aneignungsformen stehen jedem Menschen zur Verfügung, wenn auch nicht alle in gleicher Weise. Sie sprechen im Besonderen die sinnliche Wahrnehmung an. Die SuS nehmen sich selbst und die umgebende Welt wahr, indem sie fühlen, schmecken, riechen, hören, sehen und spüren. Auch die Bewegung (sich selbst bewegen und bewegt werden) und die vibratorische Wahrnehmung sind basale Formen des Kennenlernens und der Erkundung der Umgebung und können als Wege der Aneignung angeboten werden.

Konkret-handelnde Aneignungsformen ermöglichen den SuS, sich selbst und die sie umgebende Welt durch aktives Tun und Handeln zu erkunden und kennenzulernen. Im konkreten Umgang mit Personen und Dingen erleben und erforschen sie ihre Umwelt und eignen sich dabei praktische Fähigkeiten an. Sie lernen auch, sich nach sozialen Regeln zu verhalten.

Anschaulich-modellhafte Aneignungsformen knüpfen an die Fähigkeit der SuS an, eine Vorstellung von sich selbst zu entwickeln und sich von der Welt, von Ereignissen und Personen und Gegenständen ein »Bild« zu machen. Sie verwenden dafür anschauliche Darstellungen, Modelle oder andere sinnlich wahrnehmbare Wege. Im Rollenspiel erproben sie Verhalten, versetzen sich in die Position anderer Menschen und entdecken Lösungen für unterschiedliche Probleme.

Abstrakt-begriffliche Aneignungsformen ermöglichen es, die Welt mit Hilfe von Zeichen und Symbolen wahrzunehmen und zu erkunden. Texte erschließen neue Wissensgebiete. Die gedankliche Auseinandersetzung mit Fragen hilft, eigene Lösungswege zu entdecken und sich mit anderen auszutauschen.

Dimension »Jesus Christus kennenlernen«

Allgemeine Einführung in das Thema

Jesus Christus ist die zentrale Gestalt des christlichen Glaubens. Das Leben Jesu, sein Wirken und seine Botschaft helfen Schülerinnen und Schülern, eine Vorstellung von Gott und einen Zugang zum Glauben zu bekommen. Dazu lernen sie exemplarische Stationen aus dem Leben Jesu kennen und werden mit ausgewählten Beispielen seiner Verkündigung und seines Wirkens vertraut. Zu berücksichtigen sind dabei die vielfältigen Vorerfahrungen der Kinder und Jugendlichen. Unterschiedliche familiäre Prägungen, alltägliche Begegnungen, z.B. mit Kreuzesdarstellungen, und die Darstellung Jesu in den Medien. Die spezielle Ausrichtung bei der Auswahl und der Deutung der einzelnen Inhalte liegt für den Religionsunterricht auf der nachösterlichen Glaubensperspektive, dass Jesus der Christus Gottes ist und als auferstandener und erhöhter Besieger des Todes erkannt und bekannt wird.

Sein Leben

Die Person Jesu in seiner Lebenswelt ist bedeutsam für das Verständnis seiner Botschaft und seiner Wirkung. An seinem Leben wird beispielhaft und anschaulich deutlich, wie sich Gottes Liebe zu den Menschen verwirklicht. Trotz der Trennung der einzelnen Aspekte in den nachstehenden Themenfeldern bilden das Wirken, die Botschaft und das Leben Jesu eine Einheit, sie sind also immer aufeinander zu beziehen.

Religionsunterricht wird hier den historischen Jesus von Nazareth in den Vordergrund rücken. Der Mann, der in Palästina lebte, seine Lebensumstände und Orte des Handelns, die politischen, sozialen und wirtschaftlichen Umstände seiner Zeit, die sich in seiner Botschaft, den Bildern seiner Gleichnisse und im Auftreten als Wanderprediger deutlich zeigen. Hier wird erkennbar, dass die Botschaft Jesu von der Liebe Gottes zu den Menschen trotz ihrer überzeitlichen Bedeutung sich immer an konkrete Menschen richtet und auf deren Lebensumstände ausgerichtet ist. Das stellt den Religionsunterricht vor die Aufgabe, nach Beziehungen und Bezügen zum Alltag und Leben der jungen Menschen heute zu suchen.

Sein Handeln und seine Botschaft

Jesu Botschaft vom Reich Gottes kommt in seinen Gleichnissen und in seinen Worten hörbar und in seinem Leben und Wirken erfahrbar zum Ausdruck. Sein Handeln und seine Botschaft gehören untrennbar zusammen. Sie ermöglichen den Schülerinnen und Schülern elementare Erfahrungen, die für sie lebensbedeutsam sind.

Im Religionsunterricht erfahren Kinder, dass Jesus Christus sich ihnen und anderen Menschen zuwendet. Sie werden ermutigt, ihm zu vertrauen. Die Schülerinnen und Schüler sollen Jesu Botschaft und seine Taten also nicht nur wahrnehmen und kennenlernen, sondern sie auf sich beziehen und wie ein Freund von Jesus lernen. In der Begegnung mit Geschichten aus den Evangelien erfahren die Kinder, dass Jesus Christus von der Liebe Gottes erzählt und diese Liebe auch erfahren lässt. Dabei setzen sie sich mit ihrer eigenen Lebenswirklichkeit auseinander und erhalten eine hilfreiche Orientierung für ihr Leben. Die Kinder und Jugendlichen werden ermutigt, wie andere Menschen Jesus Christus zu vertrauen und nach seinem Vorbild zu handeln.

Tod und Auferstehung

Dass und wie sich in Jesus Christus die Liebe Gottes zu den Menschen zeigt und erweist, haben die ersten Christen besonders an Tod und Auferweckung Jesu erfahren. Nachdem die Kreuzigung Jesu als Verbrecher zunächst wie das Ende aller Hoffnung und Scheitern seiner Botschaft empfunden wurde, brachte die Begegnung mit dem Auferstandenen eine neue Lebensperspektive. Die Jüngerinnen und Jünger Jesu erfuhren seine lebendige Gegenwart, die sie in dem Bekenntnis zusammenfassten: Gott hat Jesus Christus von den Toten auferweckt. Aus dieser Erfahrungen deuteten sie das Sterben Jesu als Zeichen der unendlichen Liebe Gottes zu den Menschen, die den Tod überwindet und neues Leben ermöglicht. Sie erkannten: Jesus von Nazareth steht in einer ganz besonderen, einmaligen Beziehung zu Gott, die sie mit dem Titel »Sohn Gottes« beschrieben. In ihm kommt Gott den Menschen so nah, dass sie ihn erkennen können. Dafür fanden sie Bekenntnisformeln wie: Jesus ist der Christus, der Kyrios, der Heiland und Retter. In und durch Jesus versöhnt sich Gott mit den Menschen und schenkt ihnen erfülltes Leben und die Hoffnung auf Leben über den Tod hinaus.

Aus diesem Glauben und mit diesen Worten beschreiben sie rückblickend das Wirken Jesu in der Welt. So beginnt das Markusevangelium mit dem programmatischen Satz: Dies ist das Evangelium (die gute Botschaft) von Jesus Christus, dem Sohn Gottes. Der Erzähler nimmt dann im Folgenden die Leser und Hörer seiner Geschichten mit hinein in den langsamen, wachsenden Prozess des staunenden Entdeckens: Dieser ist der Sohn Gottes (so der Hauptmann am Kreuz). Die Leser und Hörer werden immer wieder aufgefordert, sich der Frage zu stellen: Wer ist Jesus? Was bedeutet er für dich, dein Leben und deinen Glauben? Sie lernen unterschiedliche Deutungen kennen und werden herausgefordert, eine eigene Position zu finden.

In dieser Tradition der Überlieferung steht auch der Religionsunterricht. Wenn Kinder und Jugendliche mit Geschichten von Jesus bekannt gemacht werden, soll dies immer so geschehen, dass sie in den Geschichten ihre eigene Haltung zu Jesus und seiner Botschaft von der Liebe Gottes bedenken und entwickeln können.

Sachkundliche Themen, Informationen zum und Hintergründe des Lebens Jesu von Nazareth gehören in diesen Kontext. Sie sind aber kein Selbstzweck, sondern haben unterstützende Funktion und helfen, die Geschichten zu verstehen. Ebenso bedeutsam sind die Versuche der ersten Christen, ihre Erfahrungen mit dem lebendigen Christus auszudrücken und weiterzugeben, wie das z.B. im Glaubensbekenntnis zum Ausdruck kommt.

In dieser Arbeitshilfe werden im Rahmen der Dimension »Jesus Christus kennenlernen« drei Themenbereiche entfaltet, zu denen verschiedene Ideen beschrieben werden und je ein charakteristisches Element ausgeführt wird. Diese Vorgehensweise ist exemplarisch konzipiert, sodass die Lehrkraft mit anderen Texten und Geschichten ähnlich verfahren kann. Die Materialien erheben also nicht den Anspruch auf inhaltliche Vollständigkeit.

In jedem Themenbereich wird zudem ein spezifischer Schwerpunkt inklusiver Didaktik und Methodik vorgestellt. Dabei werden auch die unterschiedlichen Zugangsweisen berücksichtigt (siehe oben S. 5f).

Die Anregungen für die Grundstufe und die Sekundarstufe I sind in jedem Themenbereich hintereinander dargestellt, sodass die Einheit des Themas erhalten bleibt und die Lehrkraft für binnendifferenzierte Lernangebote ein weiteres Spektrum an Anregungen zur Verfügung hat.

Die Themenbereiche sind:

1. Jesus lebte in Palästina
2. Jesus und seine Botschaft vom Reich Gottes
3. Passion und Ostern

Themenbereich 1: Jesus lebte in Palästina

Kompetenzspektrum Grundstufe: Die Schülerinnen und Schüler können in Verbindung mit Bildern und Geschichten vom Leben der Menschen in der Zeit Jesu erzählen. Sie ordnen erste Geschichten von Jesus in dieses Wissen ein. Sie verstehen die Geschichten mit Hilfe der erworbenen Kenntnisse.

Kompetenzspektrum Sekundarstufe I: Die Schülerinnen und Schüler kennen wichtige Lebensstationen Jesu. Sie vollziehen das Leben zur Zeit Jesu handelnd und erlebend nach. Sie arbeiten miteinander und teilen dabei ihr Wissen und ihre Fähigkeiten. Sie kennen die Lebenswelt Jesu in Grundzügen und können sie beschreiben.

Didaktischer Schwerpunkt

In diesem Themenbereich geht es schwerpunktmäßig um den Erwerb von Kenntnissen zur Lebenswelt Jesu, die sich von der Lebenswelt heutiger Schülerinnen und Schüler in weiten Teilen unterscheidet. Zum angemessenen Verständnis mancher Texte der Evangelien ist es hilfreich, ein bestimmtes Hintergrundwissen zur Verfügung zu haben. Hierzu zählen Berufe und Wohnverhältnisse, Grundinformationen zur geographischen Lage sowie zu religiösen Gruppierungen und politischen Machtverhältnissen.

Im inklusiven Unterricht kommt es darauf an, diesen notwendigen Wissenserwerb auf die individuellen Lernmöglichkeiten der Schülerinnen und Schüler abzustimmen und differenzierte Lernaufgaben zu formulieren. Es ist außerdem unerlässlich, möglichst viele Erfahrungsmöglichkeiten anzubieten, die alle Sinneskanäle einbeziehen. Für diesen Themenbereich eignen sich darum kompetenzorientierte offene Lernaufgaben mit vielfältigen Erarbeitungsformen, die z.B. in Lernstationen angeboten werden. Die Schülerinnen und Schüler erarbeiten sich je nach Interesse und Fähigkeiten gemeinsam oder allein bestimmtes Grundwissen.

Mögliche Inhalte, mit denen die Kompetenzen erworben werden können

Im Folgenden werden Arbeitsanregungen in Form einer **Stationenarbeit** zu den Themen »Leben am See« (Grundstufe) und »Auf dem Weg nach Jerusalem« (Sekundarstufe I) gegeben. Je nach Lerngruppe können von der Lehrkraft weitere Stationen hinzugefügt oder andere Bereiche in ähnlicher Weise erarbeitet werden.

Hinweise zur Arbeit an den Stationen

Vorbereitung durch die Lehrkraft

Die einzelnen Stationen werden in einer Kiste mit Hängeregistratur untergebracht. Jeder Ordner wird mit dem Symbol gekennzeichnet, das auch auf dem Laufzettel und den Stationskarten zu sehen ist.

Die Aufgabenkarten können in DIN A5 auf www.calwer.com unter »kostenlose Downloads« bei diesem Titel heruntergeladen werden. Sie werden auf festen Karton kopiert und laminiert. Arbeitsblätter werden in genügender Anzahl bereitgestellt. Auch die Info-Blätter werden zweimal kopiert, laminiert und an den Stationen ausgelegt.

Die nötigen Zusatzmaterialien werden in kleineren Kartons untergebracht und beschriftet: »Material zur Station Nr. ...«, auch das Symbol der Station wird gut sichtbar außen auf dem Karton angebracht. Die vorbereiteten Materialien stehen für die Schülerinnen und Schüler gut erreichbar in einem Regal zur Verfügung. Ein Bibellexikon, Bilderbücher und andere Hilfsmaterialien stehen ebenfalls dort bereit.

Als Ergänzungen zur vertiefenden Weiterarbeit bieten sich darüber hinaus an (s. auch Literaturhinweise):

- ❑ Die CD-Rom »Interaktive Reise durch das Leben Jesu«
- ❑ Die Info-Karten aus der Kartei: »So lebten die Menschen zur Zeit Jesu«
- ❑ Der Baustein »Die jüdischen Wegstationen Jesu« aus: Arbeitshilfe Religion inklusiv. Praxisband 2: Kirche(n) – Religionen und Weltanschauungen, S. 92f; 115.

Das Lied: »Wer ist Jesus? Sag mir das« (siehe S. 12) kann während der Arbeitsphase jeweils als gemeinsamer Beginn gesungen und gestaltet werden.

Lied: Wer ist Jesus, sag mir das?

Zur Arbeit der Schülerinnen und Schüler

An den einzelnen Stationen sind die Aneignungswege angezeigt, für die sich die Aufgaben eignen, außerdem geben Smileys die Anzahl der Schülerinnen und Schüler an, die an der Station zusammen arbeiten können.

Die Kinder erhalten einen Laufzettel, auf dem sie die Arbeitsergebnisse notieren und ihre Arbeit dokumentieren. Zur inneren Differenzierung trägt bei, wenn die Lehrkraft die Laufzettel personalisiert und für jedes Kind die Stationen markiert, die es allein oder mit anderen bearbeiten soll. So kann Über- oder Unterforderung vermieden werden und jeder nach seinen Möglichkeiten lernen und arbeiten. Im Laufe der Zeit sollte jeder die Stationen bearbeitet haben, die für ihn vorgesehen sind. Zusätzliche Stationen für den Einzelnen sind möglich, Reduzierungen müssen erklärt und mit der Lehrkraft verhandelt werden.

Die Kinder arbeiten selbstständig und eigenverantwortlich entweder in einem festgelegten Zeitraum von 3–6 Wochen oder zu gegebenem Anlass im Laufe des Schuljahres (z.B. als Ergänzung einer Jesus-Geschichte). Am Beginn jeder Stunde ordnen sie sich bestimmten Stationen zu, an denen sie arbeiten wollen. So ergeben sich heterogene Arbeitsgruppen, in denen sich die Schülerinnen und Schüler gegenseitig unterstützen können.

Für basale und konkrete Aneignungen steht ein Korb mit Gegenständen zur sinnlichen Wahrnehmung bereit. An einzelnen Stationen werden die Schülerinnen und Schüler aufgefordert, Gegenstände aus dem Korb zu nehmen. Gegenstände für den Korb sind z.B.: Blindenbinde, Geldstücke, Fische, Geruchsdöschen, Mazzenbrot, Rosinen etc.; dazu ein Krug mit Wasser.

Eine Geschichten-Kartei mit ausgewählten Jesus-Geschichten steht zur Verfügung. An einzelnen Stationen werden die Schülerinnen und Schüler aufgefordert, gewisse Texte daraus nachzulesen.

Hinweis: Mögliche Jesus-Geschichten werden als Download auf der Homepage des Calwer Verlags (www.calwer.com) unter »kostenlose Downloads« im Frühjahr 2017 bei diesem Titel angeboten.

»Wer ist Jesus? Sag mir das«

Text: Edelgard Moers / Musik: Martin Buntrock, aus: Spuren lesen. Lehrermaterialien für das 1./2. Schuljahr. © Calwer Verlag/Diesterweg, Stuttgart/Braunschweig 2010, S. 226.

2. Sie machen ihre Augen auf
und schauen Jesus an,
erkennen Gottes Sohn in ihm
und folgen ihm sodann.

3. Sie zeigen ihre Kinder gern
und jedes kommt ihm nah.
Er segnet sie so liebevoll.
Gott ist für alle da.

4. Sie tragen ihre Kranken her,
die können kaum noch geh'n,
und Jesus blickt tief in ihr Herz
und hilft dann aufrecht steh'n.

5. Sie machen ihre Ohren auf
und hören Jesus zu.
Sie hoffen, dass das Gottesreich
zu ihnen kommt im Nu.

6. Und Jesus schaut die Menschen an,
gibt Halt und Kraft sogleich,
verbreitet Hoffnung überall:
Es kommt das Gottesreich.

7. Sie strecken ihre Hände aus
und fassen Jesus an.
Sie spüren großes Wohlgefühl,
Gott selbst, er rührt sie an.

1.1 Leben am See – Stationenarbeit für die Grundstufe

Für die Arbeit an den Stationen erhalten die Kinder ein Wimmelbild zum Leben am See (**M 1** auf DIN A3 vergrößern und laminieren). Die Kinder können darauf viele verschiedene Dinge über das Leben zur Zeit Jesu entdecken, zu denen sie im Verlauf der Stationenarbeit vertiefendes Wissen erarbeiten. Auf dem Laufzettel (**M 2**) notieren sie, wenn sie die Station bearbeitet haben.

Hinweise zur Arbeit mit den Stationskarten

☐ Siehe S. 10f. Die Stationskarten in DIN A5 finden sich auf www.calwer.com unter »kostenlose Downloads« bei diesem Titel.

Weitere Hinweise zur Vorbereitung

Die Infoblätter zu den Stationen (**M 5**) auf DIN A4 vergrößern. Im Laufe der Arbeit knüpfen die Kinder ein Klassennetz (**M 3**). Die Lehrkraft beginnt das Netz und hängt es in der Klasse auf. Die Anleitung hängt sie dazu. Die Kinder knüpfen (mit Unterstützung durch die Lehrkraft) daran weiter und hängen dabei ihre Namen in das Netz (auf Fischen aus Papier, s. Station 3). Zur **Lernkontrolle** nach der Stationenarbeit kann ein Quiz angeboten werden (**M 4**; zum Download unter www.calwer.com). Die Karten werden ausgeschnitten und so gefaltet, dass die Antworten auf der Rückseite zu lesen sind. Alle Karten werden in einem Karteikasten gesammelt. Die Kinder kontrollieren damit ihre Lernergebnisse. Sie können das Quiz auch unabhängig von der Stationsarbeit spielen (auch bei den Stationen der Sek I [s. S. 29ff.], evtl. durch weitere Fragen ergänzt). Die Kinder werden ermutigt, weitere Quizfragen zu erfinden und das Spiel zu ergänzen.

Die einzelnen Stationskarten mit Aufgaben

Station 1: Fischerboote auf dem See

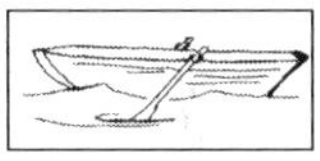

☺☺☺☺

Am See Genezareth leben viele Fischer. Sie fahren mit Booten auf den See.

☐ Nehmt die CD und lauscht gemeinsam dem Rauschen der Wellen am Strand.

☐ Stellt eure Füße auf Sand, schließt die Augen und stellt euch vor, ihr steht am See Genezareth. Was seht und hört ihr?

☐ Sucht und zählt alle Boote auf dem Wimmelbild (**M 1**).

☐ Bastelt ein Boot aus einem Blatt Papier (**M 6**).

☐ Informiert euch über die Boote auf dem See Genezareth. Lest dazu das Infoblatt. Schneidet die Bilder aus, klebt sie in euer Heft und beschriftet sie.

MATERIAL:
- ➢ Infoblatt »Fischerboote auf dem See« (**M 5**)
- ➢ Bauanleitung Boot (**M 6**)
- ➢ Sandkiste
- ➢ Meeresrauschen von einer Geräusche-CD

Station 2: Der See Genezareth

☺

Jesus lebte lange Zeit am See Genezareth. Dort fand er viele Freunde.

☐ Schau dir den See auf dem Wimmelbild (**M 1**) an und male ein Bild vom See Genezareth in dein Heft. Du kannst Boote dazu malen und auch Jesus mit seinen Freunden.

☐ Lies das Infoblatt, suche dann die Quizfragen zum See und beantworte sie.

MATERIAL:
- ➢ Infoblatt »See Genezareth« (**M 5**)
- ➢ Quizkarten »Leben am See« (**M 4**)

Station 3: Fischfang

Viele Menschen am See waren Fischer. Sie lebten vom Fischfang. Dafür nahmen sie meist Netze.

☐ Spielt miteinander: Fischer werfen Netze aus. Lest dazu die Spielanleitung (**M 7**).
☐ Knüpft miteinander an dem Klassennetz. Schreibt euren Namen auf einen Fisch und knüpft diesen in das Netz hinein.
☐ Spielt: Einer von euch will heute mit dem Schleppnetz ausfahren, dazu braucht er zwei Helfer. Er versucht, zwei Mitspieler dazu zu überreden, wie gelingt ihm das?
☐ Lest das Infoblatt, zeigt den anderen, wie die Fischer die Netze ausgeworfen haben.

MATERIAL:
- Spielanleitung Pantomime: Netze auswerfen (**M 7**)
- Infoblatt »Fischfang« (**M 5**)
- Fische aus Tonpapier

Station 4: Fische im See

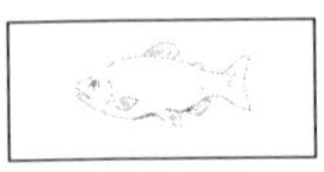

Im See Genezareth gibt es viele Fische, große und kleine. Die Menschen fangen sie, essen sie selbst oder verkaufen die Fische. Davon können sie leben.

☐ Setzt euch auf den Boden und knabbert miteinander ein paar Keks-Fische. Erzählt euch Geschichten.
☐ Spielt: Fische verkaufen: Du willst deine Fische verkaufen. Versuche, den anderen deine Fische besonders anzupreisen. Finde Gründe, warum sie gerade deine Fische kaufen sollen.
☐ Lest das Infoblatt und zeichnet die Fische aus dem See in euer Heft. Schreibt die Namen dazu.

MATERIAL:
- Infoblatt »Fische im See« (**M 5**)
- Dose mit Keksen in Fischform (»Fischli«)

Station 5: Kinder

Auf dem Wimmelbild sind auch Kinder zu entdecken.

☐ Schaut genau hin und erzählt euch gegenseitig, was die Kinder tun.
☐ Lest das Infoblatt und spielt miteinander Murmeln.
☐ Welches sind eure Lieblingsspiele – erzählt euch davon.
☐ Müsst ihr auch zu Hause helfen?

MATERIAL:
- Wimmelbild (**M 1**)
- Murmeln
- Infoblatt »Kinder zur Zeit Jesu« (**M 5**)

Station 6: Essen am See

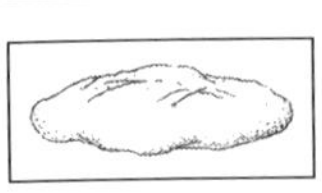

Könnt ihr auf dem Wimmelbild erkennen, was die Menschen essen?

☐ Lest das Infoblatt und stellt euch gegenseitig Fragen dazu.
☐ Teilt miteinander ein Stück Brot und trinkt von dem Wasser. Ihr könnt ein Tischgebet dazu sprechen oder singen.
☐ Was sind eure Lieblingsspeisen?

MATERIAL:
- Wimmelbild (**M 1**)
- Infoblatt »Essen am See« (**M 5**)
- Fladenbrot und Wasser; evtl. Tischgebetswürfel

Station 7: Ein Haus am See

Auch am See lebten die Menschen in Häusern.
Die Häuser sahen anders aus als unsere Häuser heute.

☐ Legt zwei Tücher über einen Tisch und setzt euch darunter, in dieses ›Haus‹ hinein. Dann arbeitet weiter.
☐ Schaut euch das Bild auf dem Infoblatt an und lest den Text dazu.
☐ Spielt Domino: Legt mit den Bildkarten eine Schlange.

MATERIAL:
- Tücher
- Infoblatt »Ein Haus am See« (**M 5**)
- Dominokarten zu den Gegenständen im Haus (**M 8**)

Station 8: Leben am See

☺☺☺

Die Menschen am See waren meistens sehr arm. Sie hatten nicht viel zum Leben. Aber es gab auch reiche Leute, sie brauchten nicht zu arbeiten.
☐ Sucht auf dem Wimmelbild arme und reiche Leute. Woran könnt ihr sie unterscheiden?
☐ Lest das Infoblatt und schreibt in die Pyramide auf dem Arbeitsblatt: Welche Menschen sind arm – welche sind reich?
☐ Klebt das Arbeitsblatt auf ein Plakat. Sucht Bilder von armen und reichen Menschen heute und klebt sie dazu.

MATERIAL:
- Infoblatt »Leben am See« (**M 5**)
- Arbeitsblatt »Arme und reiche Leute« (**M 9**)
- Zeitschriften, Schere und Klebstoff

Station 9: Jesus ruft Menschen

☺☺☺

Jesus war oft am See. Er hat den Menschen zugeschaut und ihnen von Gott erzählt. Und er hat seine Freunde zu sich gerufen und ihnen gesagt: »Ihr sollt Menschenfischer sein.«
☐ Du willst zum Fischen fahren. Als du an den See kommst, siehst du, dass Jesus in deinem Boot steht und zu vielen Menschen am Ufer spricht.
Wenn auch du ihm zuhören willst, lies die Geschichte: »Wer Ohren hat …« (Matthäus 13,1–9) (**M 10**).
Wenn nicht, erzähle den anderen, was du Jesus sagst, damit er dich in dein Boot lässt.
☐ Du bist ein Fischer und willst nun mit Jesus ziehen.
Was nimmst du mit auf den Weg?
Spiele mit den anderen zwei Runden: »Ich packe meinen Rucksack …«
☐ Du hörst, wie Jesus zu seinen Jüngern sagt: »Ihr sollt Menschenfischer sein. Erzähle den anderen eine Geschichte, die du von Jesus kennst.«
Lies in der Geschichtenkartei nach, was Jesus gesagt hat (Jesus ruft Menschenfischer, Johannes 6,1–15).

MATERIAL:
- Geschichte »Wer Ohren hat« (**M 10**)

Station 10: Galiläa

☺☺

Jesus lebte in Galiläa. Das ist eine Landschaft im Norden von Israel.
☐ Informiert euch über das Land mit dem Infoblatt.
☐ Füllt miteinander die Landkarte aus.

MATERIAL:
- Infoblatt »Galiläa« (**M 5**)
- Arbeitsblatt »Landkarte von Palästina« (zum Ausfüllen) (**M 11**)
- Bibelatlas zum Nachschlagen

M 1

Wimmelbild »Leben am See«

M 2 Laufzettel für die Stationen »Leben am See«

Dein Name: ____________________

Bearbeite die Stationen Nr. ____________________

Symbol	Nummer	Name der Station	fertig	Die Station war
	1	Fischerboote auf dem See		leicht – mittel – schwer
	2	Der See Genezareth		
	3	Fischfang		
	4	Fische am See		
	5	Kinder		
	6	Essen am See		
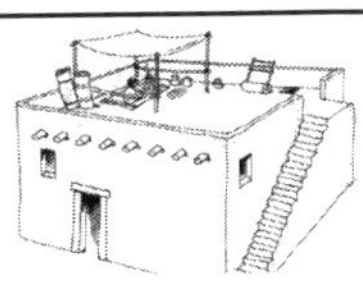	7	Ein Haus am See		
	8	Leben am See		
	9	Jesus ruft Menschen		
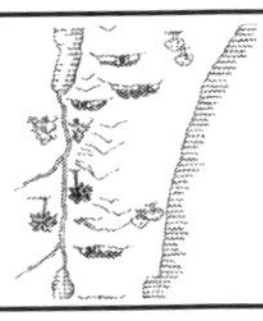	10	Galiläa		

M 3

Knüpfanleitung

Knüpfanleitung: Eine feste Paketschnur (1–1,5 m lang) in Augenhöhe spannen. An diese Schnur im Abstand von 8–10 cm jeweils einen etwa 1 m langen Faden befestigen. Alle Fäden nach unten hängen lassen. Dann mit dem Knüpfen beginnen. Dazu jeweils zwei Fäden zusammenknoten (etwa 8 cm unterhalb des Spannfadens). In der zweiten Reihe jeweils den rechten und linken Faden zusammenknoten, so entsteht ein Netz. Dann immer wieder die rechten und linken Fäden verknoten, bis alle verknotet sind. In die letzten Reihe einen weiteren waagerechten Spannfaden einziehen, d.h. verknoten.

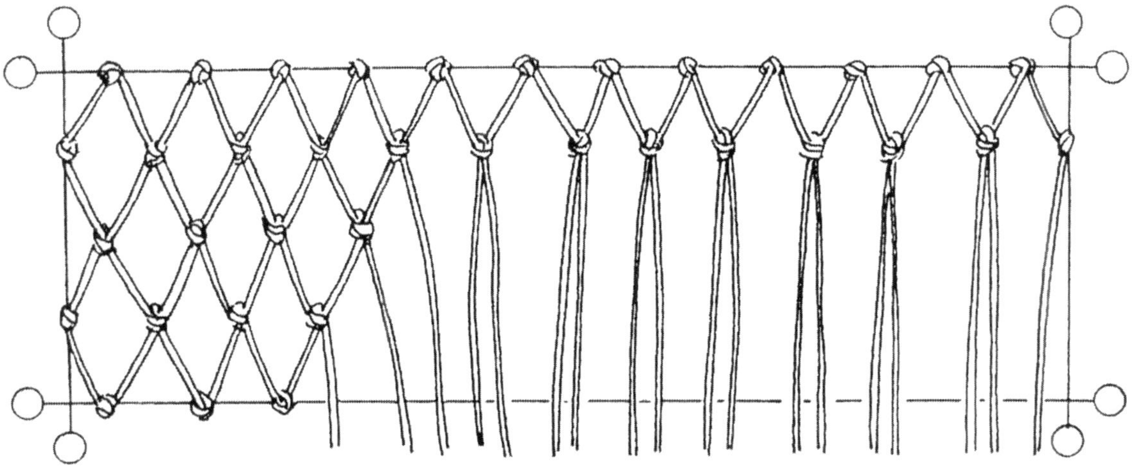

M 4

Quizkarten »Leben am See«

Die Karten finden sich zum Download auf www.calwer.com unter »kostenlose Downloads« bei dieser Arbeitshilfe.

M 5 Infoblätter zu den Stationen

Station 1: Infoblatt »Fischerboote auf dem See«

Weil es im See viele Fische gab, lebten zur Zeit Jesu viele Menschen vom Fischfang. Nicht alle besaßen ein Boot. Wer aber nicht vom Ufer aus fischte, brauchte ein Boot. Die meisten Boote waren kleine Ruderboote, manche hatten auch ein kleines Segel.

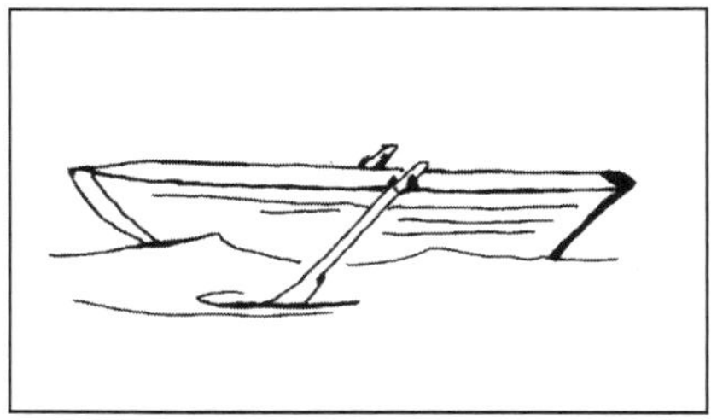

Im Jahr 1986 fand man im Schlick des Seeufers bei Ginnesar (so heißt Genezareth heute) ein Boot aus der Zeit Jesu. Nun können wir uns vorstellen, wie das Boot aussah, auf dem Jesus im tiefen Sturm schlief.
Nicht nur zum Fischen wurden die Boote verwendet, auch Menschen und Waren wurden von einer Seeseite zur anderen gebracht, das ging viel schneller, als wenn man zu Fuß um den See herum gelaufen wäre.

Von Jesus wird häufig erzählt, dass er mit dem Boot auf den See fuhr oder vom Boot aus zu den Menschen sprach. Kennt ihr solche Geschichten?
Schau in der Geschichtenkartei nach, suche eine heraus und erzähle sie den anderen.

Station 2: Infoblatt »See Genezareth«

In Galiläa liegt ein großer See – es ist der See Genezareth. Seinen Namen hat er von dem Gebiet an seinem Ufer, das zwischen den Städten Magdala und Ginnesar liegt und auch Ebene von Ginnesar (Genezareth) heißt.

© Elisabeth Hase

Der See hat auch noch andere **Namen**. Im hebräischen Alten Testament wird er »Jam Kinnereth« – See von Kinnereth – genannt, und so heißt er auch im heutigen Israel. Die Evangelien sprechen meistens nur von »dem See«. Er heißt dort auch »Galiläisches Meer« oder »Tiberiassee«. Der See Genezareth ist 21 km lang und bis zu 12 km breit. An seiner tiefsten Stelle muss man 48 m tief tauchen, um auf den Grund zu kommen. Im Norden und Süden sind die Ufer flach. Im Osten begrenzen die Golanhöhen das Ufer und im Westen die Höhenzüge des galiläischen Berglands. Der See liegt 208 m unter dem Meeresspiegel, er ist der tiefst gelegene Süßwassersee der Erde. Am See Genezareth gibt es im Winter keinen Frost, im Sommer kann es bis zu 40 °C heiß werden. Die Gegend ist sehr fruchtbar, alle Sorten Obst, Gemüse und Getreide wachsen hier. In seinen Gleichnissen erzählt Jesus von Weizen und anderem Getreide, Olivenöl, Wein, Feigenbäumen, Senf und Lilien.
Der See liegt in einem Tal. Hier kommt es am Nachmittag oft zu plötzlichen Stürmen, die sehr gefährlich werden können. Darum fahren die Fischer meistens am Morgen zum Fischfang aus.
Von den gefährlichen Winden erzählt die Geschichte von der Sturmstillung. Du kannst sie in der Geschichtenkartei nachlesen.

Station 3: Infoblatt »Fischfang«

Die Fischer am See Genezareth hatten verschiedene Möglichkeiten, die Fische zu fangen. Meistens fischte man vom Ufer aus, entweder mit der Angel oder mit dem **Wurfnetz**. Das hat einige Meter Durchmesser, ist rund und am Rand beschwert. Ein einziger Fischer schleudert es in das Wasser, wenn er darin Fische entdeckt hat. Dort sinkt es auf den Boden. Nun zieht er das Netz mit einer Schnur zusammen und holt es mit allen Fischen, die sich darin verfangen haben, ans Ufer.

Das Fischen mit dem **Zugnetz** ist eine der ältesten Fangmethoden am See Genezareth. Zwei Boote fahren auf den See hinaus und legen das bis zu 200 m lange und 5 m breite Netz aus. Dann ziehen die Fischer das Netz vom Ufer aus mit Seilen an Land. Dabei verfangen sich die Fische in den Maschen.

Das **Schleppnetz** braucht man, um im tiefen Wasser zu fischen. Es ist 15 m lang. Das Netz wird ausgeworfen, Steine ziehen eine Seite nach unten, Holzstücke halten die andere Seite oben. Nun treibt man die Fische durch Ruderschläge ins Netz und dann müssen die Fischer kräftig ziehen und rudern, damit alles ans Land kommt. Hierfür braucht man viele starke Männer. Boote und Netze sind sehr teuer, darum arbeiten mehrere Fischerfamilien zusammen, auch Tagelöhner können mithelfen.

Station 4: Infoblatt »Fische im See«

Im See Genezareth gibt es viele verschiedene Fische.

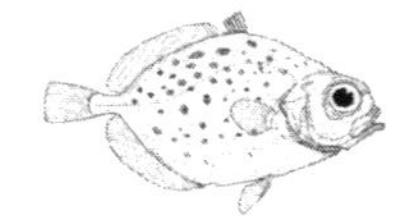

Dies ist der bekannte und beliebte **Peters-Fisch**. Er wird ungefähr 40 cm lang und 1,5 kg schwer. Er gehört zur Gruppe der Maulbrüter. Die Eltern nehmen die Eier solange ins Maul, bis die Jungen schlüpfen. Das dauert ungefähr drei Wochen. Auch danach kümmern sich die Eltern um die jungen Fische. Darum ist der hebräische Name für diese Fische Amnun, (»am« bedeutet Amme, »nun« bedeutet Fisch).

Dieser Fisch ist eine **Barbe**. Er wird, je nach Art, bis zu 80 cm lang und 6 kg schwer. Man erkennt ihn gut an den Bartfäden, die am Maul wachsen. Der Fisch wird deshalb auch »Biny« (Haar) genannt. Die meisten Barben schmecken sehr gut und werden von den Menschen am See vor allem am Sabbat gerne gegessen.

Die häufigsten Fische im See sind **Sardinen**. Sie sind klein, kommen aber in großen Schwärmen vor. Die Hälfte aller im See gefangenen Fische sind Sardinen. Haltbar macht man sie besonders durch Einpökeln.

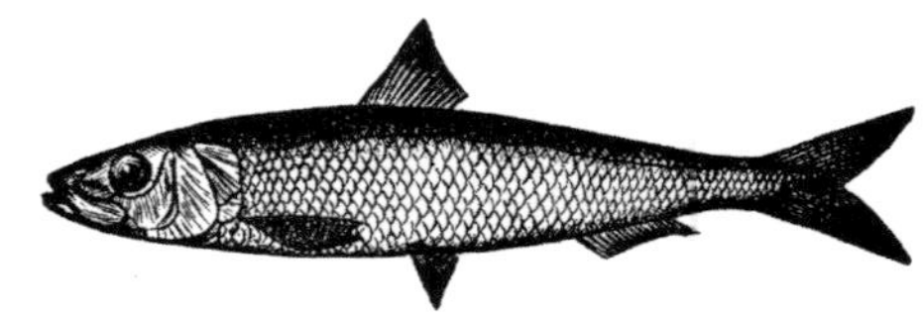

Der größte Fisch im See Genezareth ist der **Wels** (er wird bis zu 1,25 m lang und bis zu 10 kg schwer). Weil er keine Schuppen hat, darf er von Juden aber nicht gegessen werden.

Station 5: Infoblatt »Kinder zur Zeit Jesu«

Zur Zeit Jesu gab es viele Kinder in Israel. Jesus selbst hatte vier Brüder und einige Schwestern (wie viele wissen wir leider nicht). Kinder galten als ein Geschenk Gottes und als ein Segen für die Familie.

Dennoch ging es vielen Kindern nicht gut. Kleine Babys starben oft schon bei oder gleich nach der Geburt, es gab nicht so gute Medikamente und Ärzte wie heute. Die älteren Kinder mussten viel mithelfen, denn die Arbeit der Erwachsenen war oft schwer. Sie holten das Wasser zum Kochen und Trinken in großen Krügen vom Brunnen.

Die Jungen hüteten auch die Schafe oder Ziegen der Eltern oder von Nachbarn. Auf der Suche nach guter Weide waren sie oft lange unterwegs und konnten nicht jeden Abend nach Hause kommen. Mit einer Steinschleuder verteidigten sie sich gegen wilde Tiere. Die Mädchen halfen zu Hause und lernten kochen und Fladenbrot backen.

Eine Schule gab es nicht. Lesen und schreiben lernten die meisten Jungen und Mädchen von einem Rabbi. Sie lasen vor allem in der Thora und lernten dabei die Gebote Gottes, aber auch die Geschichten von Mose und Abraham kennen. Mit 13 Jahren durften die Jungen beim Gottesdienst in der Synagoge vorlesen.

Zum Spielen hatten sie nur wenige Spielsachen. Wir wissen aber, dass Kinder zur Zeit Jesu gerne mit Murmeln oder Würfeln gespielt haben.

Wie Jesus mit den Kindern umging, kannst du nachlesen. Suche in der Geschichtenkartei die Karte: »Jesus und die Kinder«.

Station 6: Infoblatt »Essen am See«

Zur Zeit Jesu war das Essen nicht so abwechslungsreich wie heute. Meist haben die Menschen Brot gegessen. Dafür wurde das Mehl zwischen zwei Steinen gemahlen und dann mit Wasser und etwas Salz verknetet. Der Teig wurde zu einem Fladenbrot geformt und über dem Feuer gebacken. Dazu gab es Olivenöl und gekochtes Gemüse, zum Beispiel als Suppe aus Bohnen, Erbsen oder Linsen, aber auch frische Gurken und Oliven. Frisches Obst wurde auch gern gegessen, es gab Trauben, Feigen und Datteln. Diese wurden getrocknet, so konnte man das ganze Jahr die süßen Früchte genießen.

Zucker gab es nicht, manchmal gab es Honig von wilden Bienen. Getrunken wurde Wasser, manchmal etwas Wein oder Milch von Ziegen und Schafen. Von der Milch machte man auch Käse.

Bei Festen oder wenn Besuch kam, gab es auch Fleisch. Dafür wurde eine Ziege, ein Schaf oder ein Huhn geschlachtet. In der Gegend um den See herum aß man auch viel Fisch, frisch oder getrocknet. Schweinefleisch durften fromme Juden nicht essen.

Zum Essen setzten oder legten sich alle auf den Boden. In der Mitte stand der Topf mit der Suppe. Jeder tunkte sein Brot in die Schüssel. Vor dem Essen sprach der Vater ein Dankgebet: »Gelobt seist du, ewiger König der Welt, dass du das Brot aus der Erde hervorbringst«.

Die Frauen und Mädchen kümmerten sich um den Haushalt. Sie backten das Brot und kochten das Essen. Sie mussten aber auch die Wäsche waschen, weben, Kleidung nähen und das Haus in Ordnung halten.

In vielen Geschichten wird erzählt, dass Jesus mit den Menschen gegessen hat. Kennst du einige? Lies aus der Geschichtenkartei besonders die Geschichten von Zachäus und Levi.

Station 7: Infoblatt »Ein Haus am See«

Häuser zur Zeit Jesu sahen anders aus als unsere Häuser heute. Sie waren klein. Die Wände waren aus Steinen, die mit Lehm vermauert wurden. Oben in den Wänden waren ganz kleine Fenster. Sie hatten jedoch keine Glasscheiben.
Das Dach war flach. Es war mit einem Brei aus Lehm und Stroh gedeckt, der mit einer Steinwalze fest und glatt gemacht wurde. Auf dem Dach haben die Menschen geschlafen und gearbeitet, die Treppe war außen an einer der Mauern.
Das Haus hatte meist nur einen Raum. Dort lebte die Familie: Eltern und Kinder und andere Verwandte. Auch die Tiere lebten mit im Haus. Es war bestimmt ziemlich eng.
Möbel gab es nicht. Die Menschen saßen auf gerollten Matten aus Stroh oder Stoff. Nachts wurden diese zum Schlafen ausgerollt. Im hinteren Teil stand der Herd, hier wurde gekocht und gebacken. Dort stand auch die Steinmühle. Hier wurde das Mehl für das Brot gemahlen. Vorräte lagerte man in Krügen oder Körben. Das Wasser vom Brunnen bewahrte man in einem Schlauch auf.
Wenn es dunkel wurde, zündete man Öllämpchen an und stellte sie in Nischen an den Wänden auf.

Station 8: Infoblatt »Leben am See«

Die meisten Menschen in Galiläa waren arm, sie hatten nicht viel mehr als 200 Denare im Jahr zur Verfügung. (Um eine Familie zu ernähren, brauchte man jeden Tag mindestens 1 Denar!).

Zu den **Armen** gehörten die Pächter, Tagelöhner, Arbeitslosen, Sklaven, Bettler und Kranke, besonders aber auch viele alleinstehende Frauen und Witwen. Sie waren auf die Unterstützung ihrer Familie angewiesen.
Zum **Mittelstand** gehörten Handwerker. Sie hatten eine eigene Werkstatt und konnten in ihr arbeiten.

Auch die kleinen Händler, die ihre Waren auf Basaren anboten und verkauften, konnten in guten Zeiten genügend Geld verdienen.
Die Kleinbauern bewirtschafteten mit ihrer ganzen Familie ein kleines Stück Land, das sie meistens von einem Großgrundbesitzer gepachtet hatten. Was sie nicht selber aßen, verkauften sie auf den Märkten.
Am See lebten auch viele Fischer, die mit Booten zum Fischfang fuhren. Sie verkauften ihren Fang.

Zur **Oberschicht** gehörten Menschen, die so viel Land besaßen, dass sie es nicht selber bebauten, sondern an andere Bauern verpachteten.
Auch die großen Händler gehörten dazu, sie kauften die Ware billig von den Erzeugern und verkauften sie teurer an die kleinen Händler.
Die Zöllner (auch Steuerpächter genannt) hatten von den Römern eine Zollstation gepachtet und nahmen dort von den Reisenden den Zoll ein. Wenn sie höhere Preise verlangten, konnten sie einen Teil des Geldes für sich behalten.

Station 10: Infoblatt »Galiläa«

Jesus lebte sehr lange in Galiläa. Galiläa ist eine Provinz im Norden von Israel. Als Kind wohnte er mit seinen Eltern in dem kleinen Dorf Nazareth. Als er erwachsen wurde, ging er nach Kapernaum am See Genezareth. Von dort aus zog er fast drei Jahre lang als Wanderprediger durch das Land. Er traf viele Menschen, erzählte ihnen Geschichten und Gleichnisse vom Reich Gottes und heilte viele Kranke. Ganz besonders gern war er bei Menschen zu Besuch, die am Rande der Gesellschaft lebten.

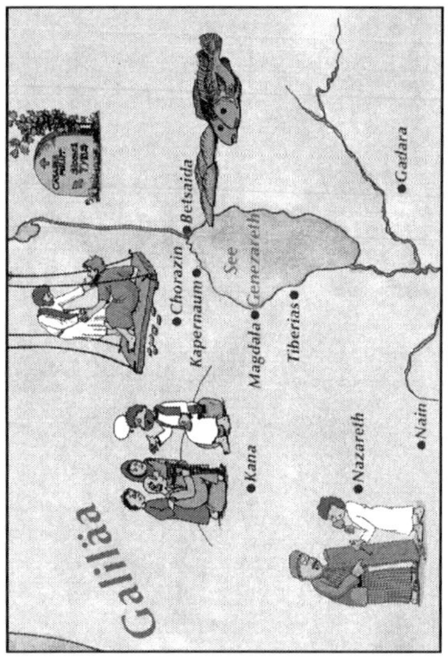

Untergaliläa ist ein Teil von Galiläa, der viele Ebenen und Talsenken hat. Seine Berge und Hügel sind zwischen 300 m und 600 m hoch.

Zur Zeit Jesu lebten hier viele Menschen. In den Evangelien werden Geschichten aus diesen acht Orten erzählt: Nazareth, Tiberias, Genezareth, Kapernaum, Magdala, Betsaida, Nain und Kana. Wahrscheinlich ist Jesus aber auch in anderen Orten gewesen und Menschen aus vielen Ortschaften sind zu ihm gekommen.

Die meisten Menschen lebten in Dörfern mit etwa 400 bis 600 Einwohnern, in einem solchen Dorf ist auch Jesus aufgewachsen.

In den Städten auf dem Land lebten bis zu 7500 Menschen. Kapernaum, die Stadt, in der erwachsene Jesus lebte, war eine solche Kleinstadt.

Großstädte mit Einwohnern zwischen 10000 und 60000 Personen gab es zur Zeit Jesu nur drei: Magdala, Sepphoris und Tiberias. Hier findet man Banken, Theater, Pferderennbahnen und andere kulturelle Einrichtungen.

Station 9: Zu dieser Station gibt es kein Infoblatt.

M 7 Spielanleitung »Auf Fischfang«

Die SuS spielen **pantomimisch** »Auf Fischfang gehen«. Stühle in Form eines Bootes stellen (oder zwei Seile auf den Boden legen und sich dazusetzen). Und los geht's! Die Lehrkraft gibt die folgenden Anweisungen:

»Sich von den Freunden am Ufer verabschieden, winken, hinausrudern, alle gleichzeitig, sonst kommen wir nicht vorwärts.
Einige stehen auf und werfen rechts das Netz aus: Vorsichtig, sonst kippt das Boot!
Langsam weiterrudern und warten … warten … warten.
Langsam wird das Netz schwer, das Rudern fällt schwer, alle stöhnen und schwitzen.
Dann wird das Netz eingeholt: Vorsichtig, sonst kippt das Boot!
Das Netz wird in die Mitte des Bootes gelegt, alle müssen zusammenrücken.
Nun wieder ans Ufer rudern, das ist schwer …, wir kommen gar nicht voran.
Endlich sind wir da, vorsichtig aussteigen, das Boot schwankt.
Das Boot an Land ziehen, das Netz herausholen, vorsichtig, alle gemeinsam.
Und was machen wir mit den Fischen?«

Gemeinsam können am Schluss alle eine Tüte »Fischli« verspeisen (Lakritzfische o.Ä.).

M 6

Bauanleitung: Boot

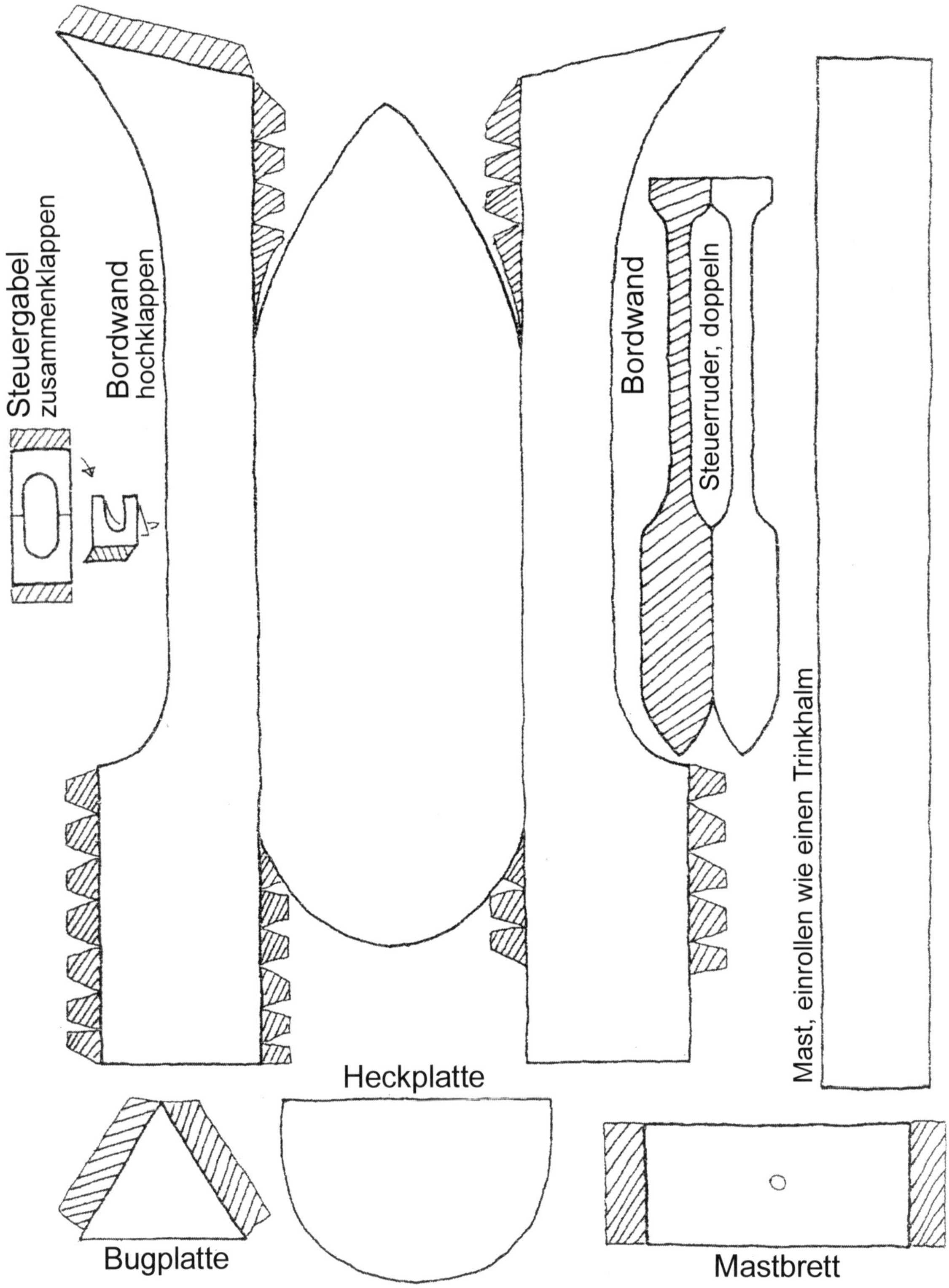

Ausschneiden, die gestrichelten Teile knicken und zusammenkleben.
Loch im Mastbrett ausschneiden und Mast hineinstecken.

M 7 siehe Seite 23.

M 8

Domino »Ein Haus am See«

	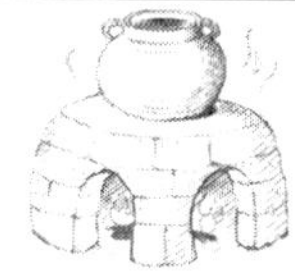
Herd	
Krug	
Öllampe	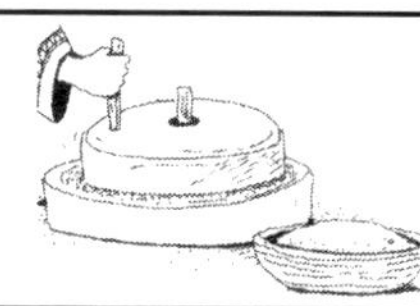
Handmühle	
Matte	
Fenster	
Topf	
Hühner	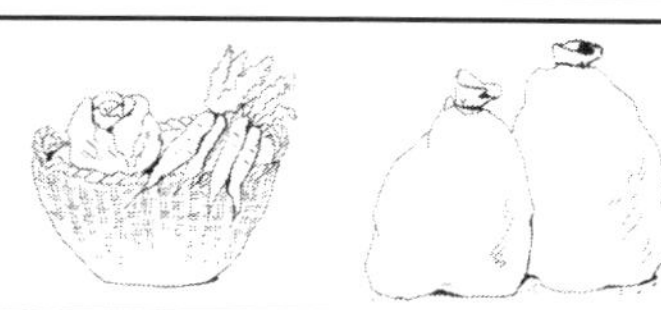
Vorräte	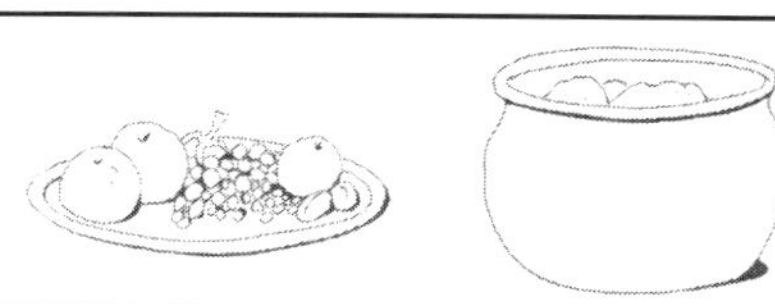
Essen	

M 9

Arme und reiche Leute

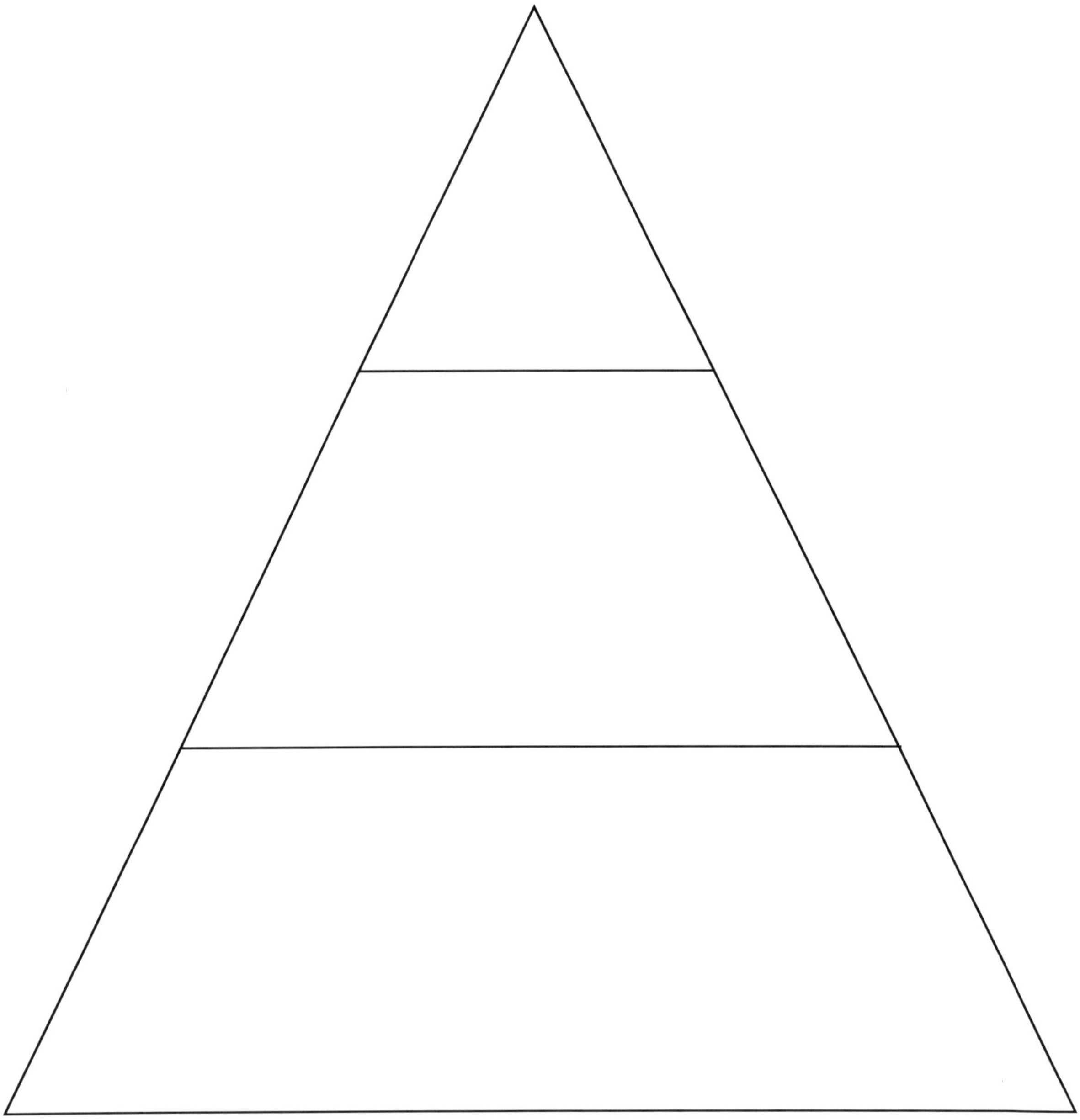

Schreibt oder malt in die Pyramide:

Arme Leute in Palästina (nach unten)
Reiche Leute in Palästina (nach oben)

Wer gehört in die Mitte?

Sprecht miteinander: Wohin gehört Jesus?

M 10

»Wer Ohren hat«

Jesus ging an den See und setzte sich. Viele Menschen kamen zu ihm. So viele, dass er in ein Boot stieg und von dort aus zu den Menschen sprach. Er erzählte ihnen eine Geschichte:

Ein Bauer ging auf das Feld und säte Samen aus.

Einige Samenkörner fielen auf den Weg.
– Da kamen Vögel und fraßen sie auf.

Einige Samenkörner fielen auf steinigen Boden.
– Die kleinen Pflanzen verdorrten in der Sonne.

Einige Samenkörner fielen in dorniges Gestrüpp.
– Dort erstickten die Pflanzen.

Einige Samenkörner fielen auf gutes Land.
– Dort wuchsen sie heran und brachten viele Körner hervor.

Und Jesus sagte: Wer Ohren hat, der höre!

Überlegt: Jesus erzählt diese Geschichte, weil …

M 11

Landkarte von Palästina

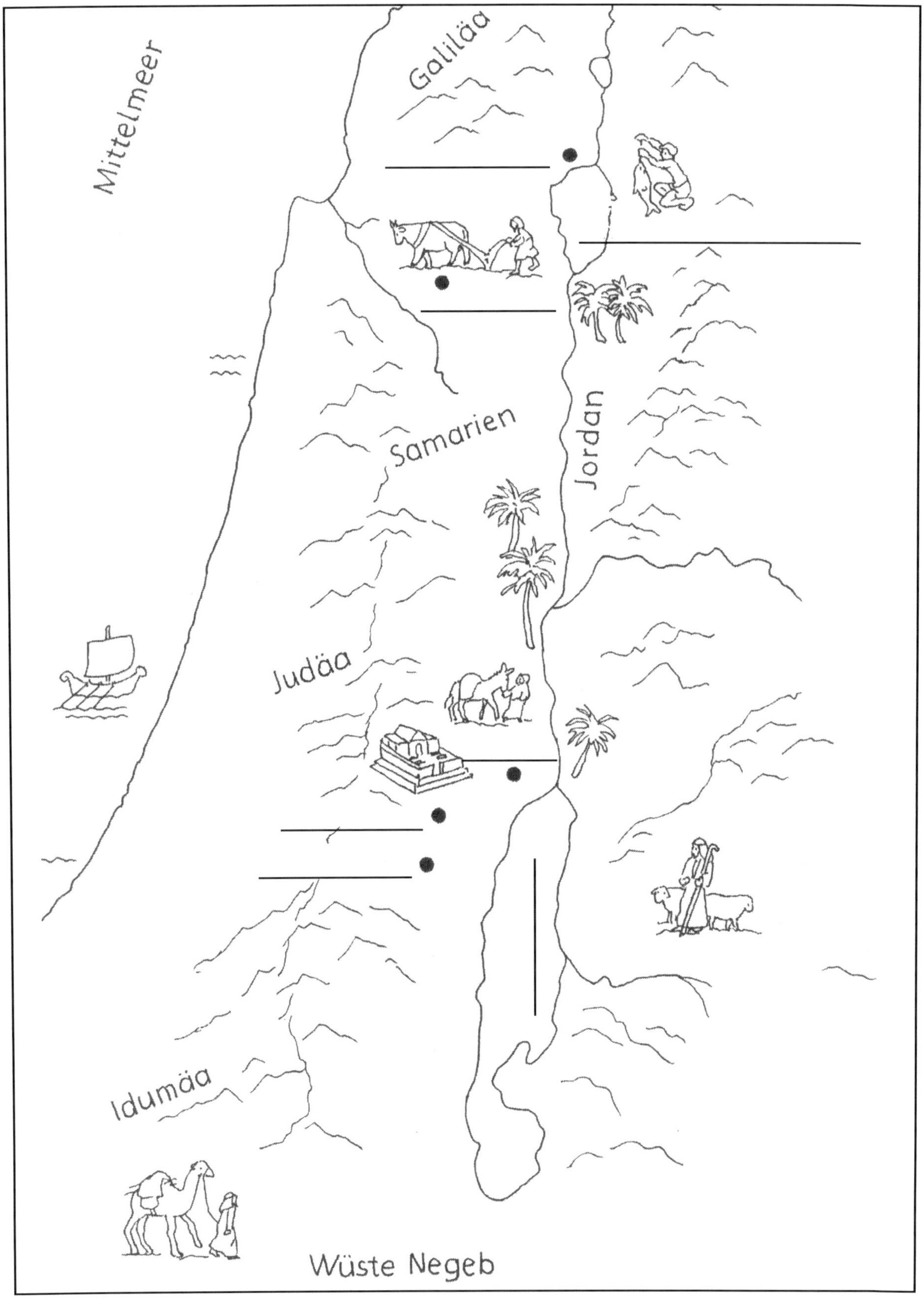

1.2 Mit Jesus auf dem Weg – Stationenarbeit für die Sekundarstufe I

Ausgangspunkt ist **ein Bodenbild zur Landschaft in Israel**. Die Schülerinnen und Schüler erhalten eine Landkarte von Palästina und legen sie mit farbigen Tüchern nach:

- ☐ Blau für die Meere und den See Genezareth (für den Fluss Jordan ein dicker blauer Wollfaden),
- ☐ Grün für die Jordanebene,
- ☐ Gelb und Braun für Wüste und Gebirge.

Bastelarbeiten, die während der Stationenarbeit entstehen, werden auf der Landschaft untergebracht. Die Landschaft kann auch auf einer Tischreihe oder breiten Fensterbank aufgebaut werden.

Zur Orientierung für alle bleibt die Landkarte während der ganzen Arbeit zugänglich (sie hängt beispielsweise vergrößert an der Wand). Sie kann auch auf die Rückseite des Laufzettels kopiert werden, dann haben die Schülerinnen und Schüler sie zur freien Verfügung.

MATERIAL:
- ➢ **Landkarte: Palästina** (Übersicht/Vorlage für das Bodenbild, S. 32)
- ➢ **M 1** Laufzettel für die Stationenreihe
- ➢ **Bildkarten** für die Stationen 5 und 6 aus den jeweiligen Bildern und Texten der Infoblätter (**M 3**) erstellen.

Hinweise zur Arbeit mit den Stationen

☐ Siehe S. 10f. Die Karten in DIN A5 finden sich auf www.calwer.com unter »kostenlose Downloads« bei diesem Titel.

Zur **Lernkontrolle** kann am Ende der Stationenarbeit Station 8 »Ein Dorf in Palästina« verwendet werden: Die Schülerinnen und Schüler entdecken auf einem Wimmelbild einiges von dem, was sie sich erarbeitet haben, und stellen Szenen daraus in einem Rollenspiel dar, an dem alle beteiligt sind. Dabei bringen sie ihre erworbenen Kenntnisse ein.

Die einzelnen Stationskarten mit Aufgaben

Station 1: Menschen auf dem Weg

☺☺☺☺

Auf seinem Weg nach Jerusalem ist Jesus vielen Menschen begegnet.
Für manche von ihnen hat sich ihr Leben verändert, als sie Jesus begegneten.

- ☐ Kennt ihr solche Menschen? Erzählt einander davon.
- ☐ Sucht in der Geschichtenkartei nach: Bartimäus – Zachäus – Petrus – Levi.
- ☐ Wählt eine Geschichte aus und stellt sie als Pantomime dar.
- ☐ Sucht aus dem Korb einen Gegenstand, der gut zur Geschichte passt.
- ☐ Schreibt den Namen eurer Person auf eine Papp-Figur (**M 2**), malt sie bunt an, macht mit ihr eine kleine Polonaise durch den Klassenraum und stellt sie auf das Bodenbild. Schaut dabei auf der Landkarte, an welchem Ort die Figur ihren Platz hat.
- ☐ Legt den ausgewählten Gegenstand dazu.

MATERIAL:
- ➢ Korb mit verschiedenen Gegenständen (siehe S. 11)
- ➢ Figur zum Ausmalen und Aufstellen (**M 2**), mehrfach kopieren.

Station 2: Der Tempel in Jerusalem

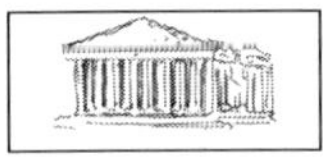

☺☺☺☺

Der Tempel von Jerusalem war ein heiliger Ort.
Die Menschen kamen von weit her, um hier zu beten, zu feiern und Gott Opfer zu bringen.
Auch Jesus war im Tempel, zuerst als Kind mit seinen Eltern und später dann mit seinen Jüngern. Nicht alles, was im Tempel geschah, hat ihm gefallen.

- ☐ Im Tempel wurde Weihrauch angezündet.
  Schaut den Weihrauch an, fühlt und riecht seinen Duft.
- ☐ Schaut euch das Bild vom Tempel an. Erzählt einander, was ihr seht.
- ☐ Einer von euch macht eine Pilgerreise nach Jerusalem. Zählt auf, was er alles mitnehmen muss.
- ☐ Lest das Infoblatt und erzählt euch, was ihr über den Tempel wisst.

MATERIAL:
- Bild vom Tempel in Jerusalem (auf **M 3**)
- Weihrauchbröckchen zum Fühlen und zum Riechen als Duftöl
- Infoblatt: Der Tempel in Jerusalem (**M 3**)

Station 3: Mächtige Leute in Palästina

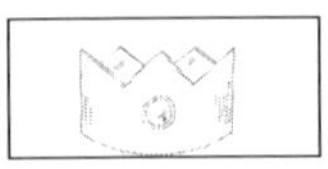

☺☺☺☺

Zur Zeit Jesu regierte in Palästina der König Herodes. Aber die Römer hatten die Macht, sie bestimmten, was der König zu tun hatte.

- ☐ Lest miteinander das Infoblatt: Mächtige Leute in Palästina
- ☐ Verkleidet euch wie ein Römer und wie Herodes und spielt: Herodes und ein römischer Hauptmann begegnen sich, legen sich zu Tisch, essen und trinken miteinander und unterhalten sich über Jesus. Was denken sie von ihm?

MATERIAL:
- Verkleidungsutensilien: Umhänge, Krone, Schwert
- Infoblatt: Mächtige Leute (**M 3**)
- Saft und Kekse

Station 4: Religiöse Leute in Palästina

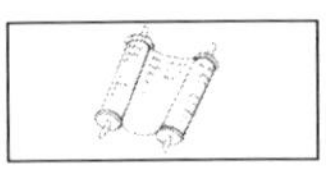

☺☺☺☺

Jesus war Jude. Er befolgte die Gesetze der Thora und predigte auch in der Synagoge. Auf seinem Weg ist er auch den religiösen Führern begegnet. Mit einigen von ihnen hat er sich öfter gestritten.

- ☐ Lest miteinander das Infoblatt: Religiöse Leute in Palästina.
- ☐ Füllt das Arbeitsblatt aus.
- ☐ Spielt miteinander ein Rollenspiel: Darf Jesus am Sabbat eine Frau heilen?
  Findet Gründe dafür und dagegen. Benutzt die Rollenkarten und die Geschichte aus der Geschichtenkartei (Jesus heilt die gekrümmte Frau).

MATERIAL:
- Infoblatt: Religiöse Leute (**M 3**)
- Rollenkarten: Sabbatheilung (**M 4**)
- Arbeitsblatt: Religiöse Leute (**M 5**)
- Geschichtenkartei

Station 5: Die Landschaft in Palästina

☺☺☺☺

Auf seinem Weg nach Jerusalem ist Jesus durch viele verschiedene Landschaften gekommen. Dort wuchsen auch unterschiedliche Pflanzen.

- ☐ Schaut auf dem Infoblatt nach, wo welche Pflanzen wachsen.
- ☐ Kostet miteinander einige Früchte des Landes. Wo wachsen sie besonders gut? Legt eine Bildkarte auf das Bodenbild.

☐ Fühlt blind Wüstensand – Muscheln – Steine – Gras. Überlegt, in welche Landschaft diese Dinge wohl gehören.
☐ Bastelt Palmen und stellt sie in die Landschaft.
☐ Von einigen Pflanzen hat Jesus in seinen Geschichten erzählt. Kennt ihr eine Geschichte? Schaut in der Geschichtenkartei nach: Acker (Markus 4,3–9), Senfstaude (Markus 4,30–34), Weinstock (Johannes 15,5; Matthäus 20,1–16), Feigenbaum (Matthäus 24,32–33).

MATERIAL:
- Infoblatt: Pflanzen in Palästina (**M 3**)
- Früchte und Bildkarten dazu: Datteln – Feigen – Weintrauben – Rosinen (vgl. **M 3**)
- Bastelanleitung: Palme (**M 6**)
- Sand, Muscheln, Steine, Gras (Heu)

Station 6: Berufe in Palästina

☺☺☺☺

Die Menschen zur Zeit Jesu in Israel hatten verschiedene Berufe.
Viele arbeiteten auf dem Feld oder in der Landwirtschaft.

☐ Zieht aus der Bilderkartei ein Bild, zeigt euch eure Bilder und ratet: Wer ist da zu sehen?
Prüft, ob ihr richtig geraten habt, und lest in den Infoblättern die Beschreibung dazu.
☐ Bastelt ein paar Schafe und stellt sie in die Landschaft.
☐ Wählt eine Karte und spielt Berufe-Raten (**M 7** Spielregel: Berufe-Raten).
☐ Spielt Memory mit den Karten, ihr könnt noch weitere Berufe auf Karten malen.
☐ Jesus hat von einigen dieser Menschen Geschichten erzählt, welche kennt ihr schon? Schaut in der Geschichtenkartei nach (Das Gleichnis vom verlorenen Schaf, Das Gleichnis vom Sämann, Das Gleichnis vom Weinbergbesitzer).

MATERIAL:
- Infoblätter: Berufe in Israel (**M 3**)
- Spielregel: Berufe-Raten (**M 7**)
- Bildkarten zu den Berufen (vgl. **M 3**)
- Vorlage: Schafe zum Basteln (**M 8**)

Station 7: Städte und Dörfer

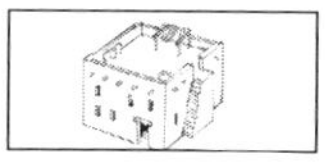

☺☺

Auf seinem Weg ist Jesus auch durch viele Städte gekommen. Die meisten liegen am See Genezareth, aber auch in anderen Städten ist viel passiert.
Schaut in der Geschichtenkartei nach (Der barmherzige Samariter; Jesus heilt die verkrümmte Frau; Jesus predigt in der Synagoge; Maria folgt Jesus).

☐ Schaut auf der Landkarte, welche Orte ihr findet, und löst das Landkarten-Puzzle.
☐ Bastelt ein Haus, schreibt den Namen einer Stadt darauf und stellt das Haus dort in die Landschaft, wo die Stadt liegt.

MATERIAL:
- Landkarte mit Puzzleteilen (**M 9**)
- Bastelvorlage Haus (**M 10**)

Station 8: Ein Dorf in Palästina

alle Schülerinnen und Schüler zusammen

Schaut in kleinen Gruppen das Bild an.

☐ Welche Personen und Sachen seht ihr?
☐ Erzählt euch gegenseitig, was ihr seht und wisst.
☐ Spielt die Szenen auf dem Bild so nach, dass alle von euch beteiligt sind und möglichst viel von dem, was ihr gelernt habt, zur Sprache kommt.

MATERIAL:
- Wimmelbild: »Ein Dorf in Palästina« (**M 11**)

Landkarte von Palästina

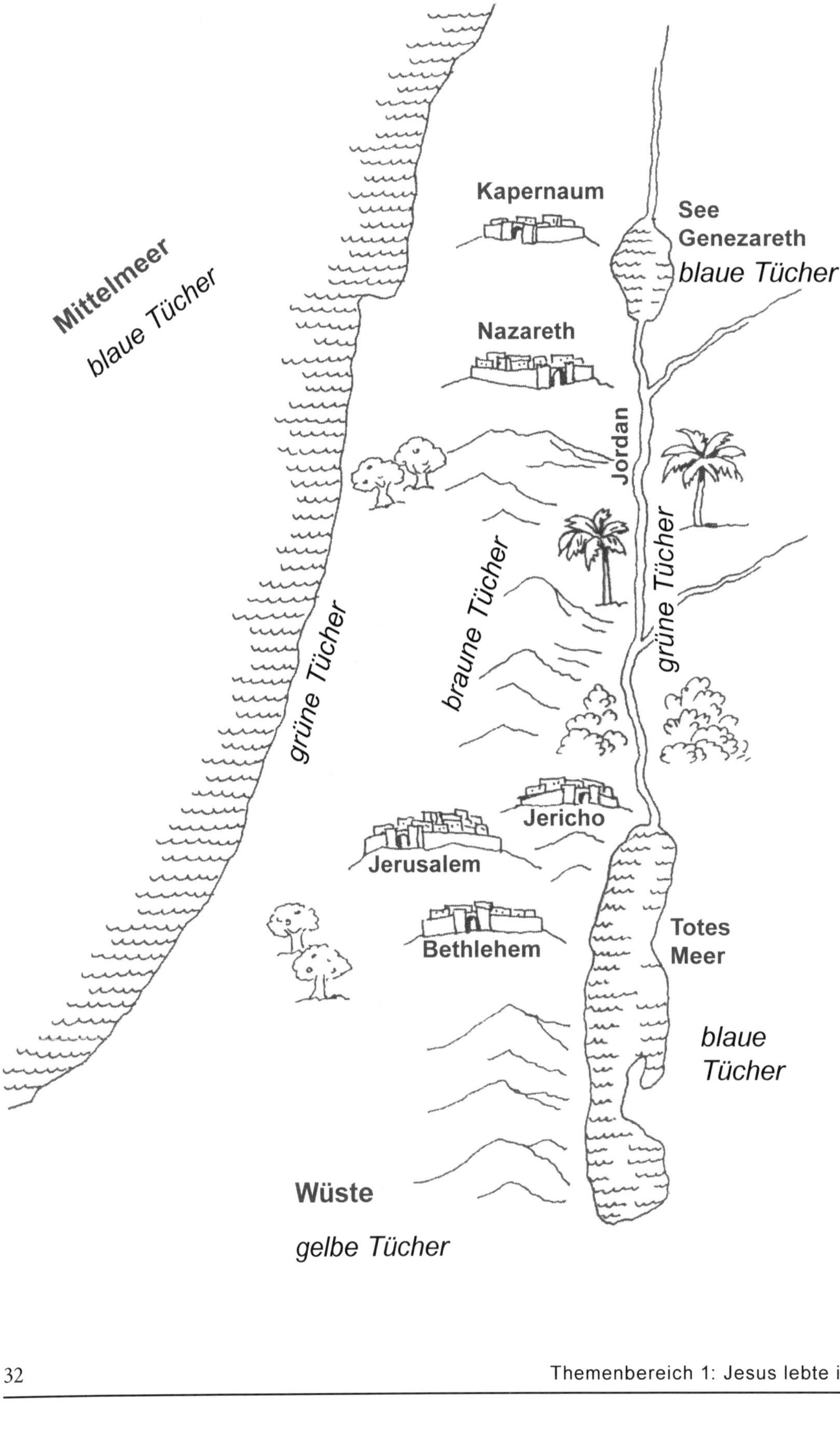

M 1 Laufzettel für die Stationen »Leben am See«

Dein Name: ______________________________

Bearbeite die Stationen Nr. ______________________________

Symbol	Nummer	Name der Station	fertig	Die Station war
	1	Menschen auf dem Weg		leicht – mittel – schwer
	2	Der Tempel in Jerusalem		leicht – mittel – schwer
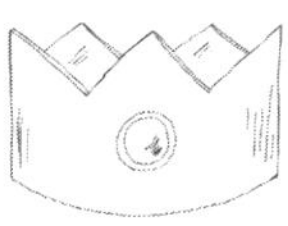	3	Mächtige Leute in Palästina		leicht – mittel – schwer
	4	Religiöse Leute in Palästina		leicht – mittel – schwer
	5	Die Landschaft in Palästina		leicht – mittel – schwer
	6	Berufe in Palästina		leicht – mittel – schwer
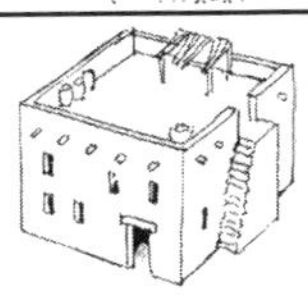	7	Städte und Dörfer		leicht – mittel – schwer
	8	Ein Dorf in Palästina		leicht – mittel – schwer

M 2

Ausmalfigur

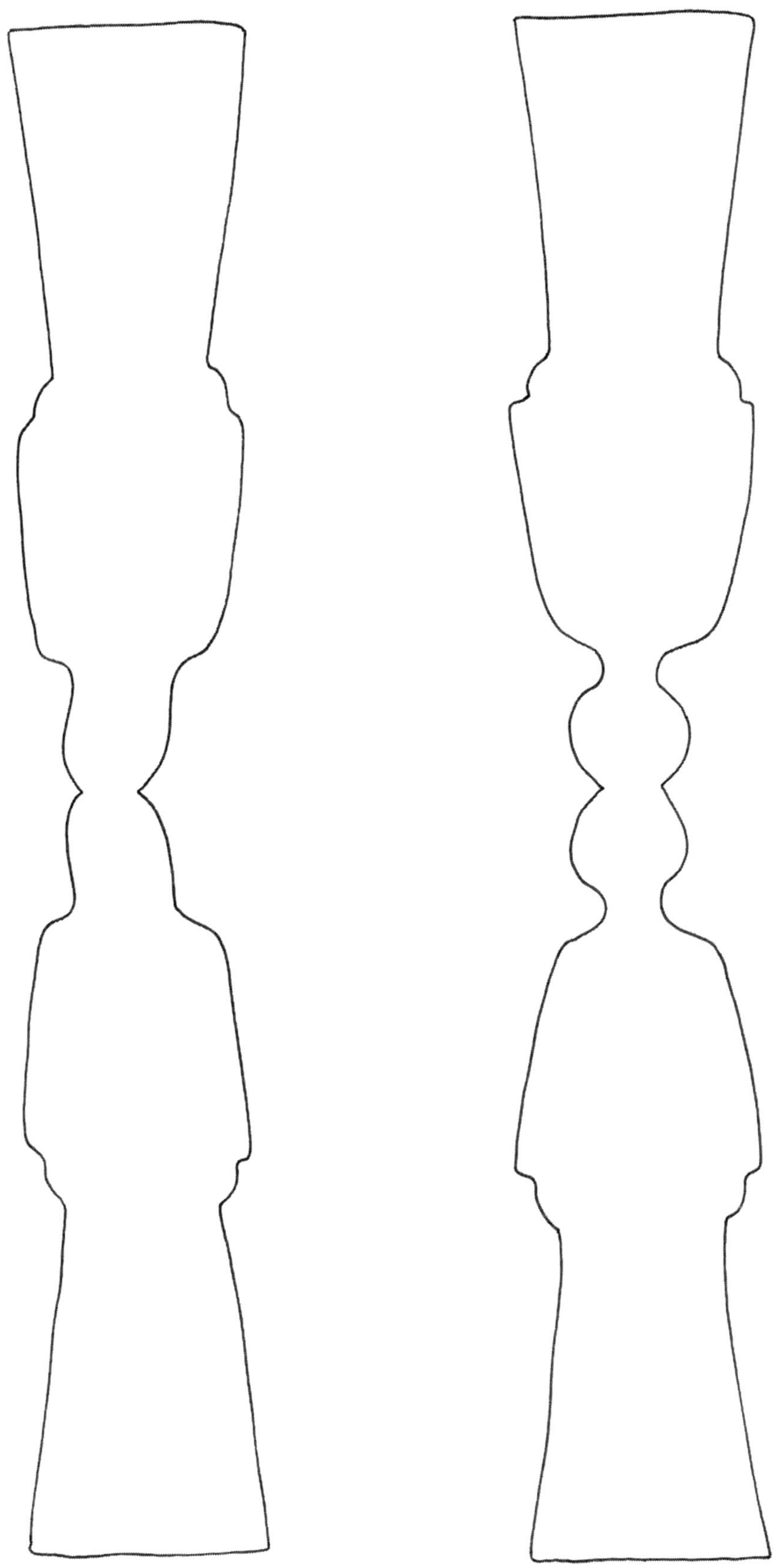

Station 2: Infoblatt: Der Tempel in Jerusalem

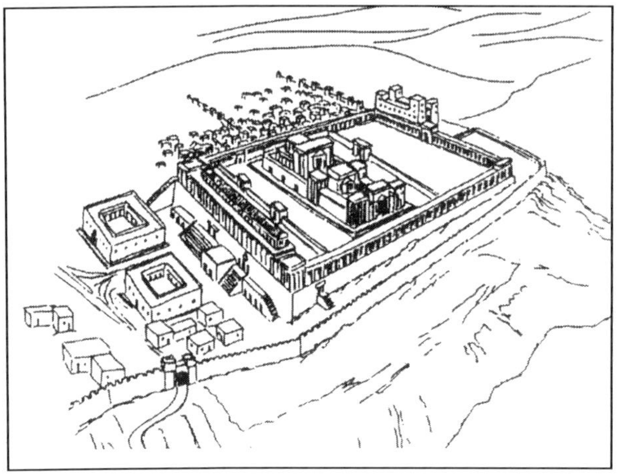

Der Tempel war das zentrale Gotteshaus der Juden.
Zuerst wurde er um 950 vor Christus von dem berühmten König Salomo gebaut. Man bewahrte hier die Bundeslade auf, in der die Gesetzestafeln mit den 10 Geboten lagen. Darum glaubten die Juden, dass Gott im Tempel wohnt und dass sich im Allerheiligsten Himmel und Erde berühren.

Das Allerheiligste war ein geheimnisvoller Raum, dunkel und heilig. Niemand durfte hineingehen oder schauen. Nur der Hohepriester brachte Gott hier einmal im Jahr ein besonderes Opfer zur Versöhnung, damit keine Schuld mehr zwischen Gott und den Menschen steht.

Der erste Tempel wurde von den Babyloniern zerstört und die Bundeslade verschwand. Im Jahr 515 vor Christus wurde ein zweiter Tempel gebaut und von König Herodes prächtig ausgebaut.

Die Juden pilgerten zu drei großen Wallfahrtsfesten im Jahr (Passa, Schawuot und Sukkot) zum Tempel. Dann strömten die Menschen aus dem ganzen Land nach Jerusalem in den Tempel, es waren ungefähr 150.000 Leute in der Stadt. Im Tempel beteten sie und ließen von den Priestern Tiere opfern. Die Opfer sollten ein Zeichen der Gemeinschaft der Menschen mit Gott sein, man konnte Gott damit um Vergebung bitten oder sich bei ihm bedanken.

Jesus hat den Tempel schon als Kind mit seinen Eltern besucht. Kurz vor seinem Tod war er mit seinen Jüngern zum Passafest dort. Es hat ihm nicht gefallen, dass viele Händler im Tempel ihre Geschäfte machten. Er wollte, dass die Menschen im Tempel zu Gott beten können. Dazu gibt es eine Geschichte, du kannst sie in der Geschichtenkartei finden (Die Tempelreinigung).

Der Tempel, in dem Jesus war, wurde im Jahr 80 nach Christus von den Römern zerstört. Er ist bis heute nicht wieder aufgebaut, es gibt nur noch ein kleines Stück: die »Klagemauer«.

© Sean Pavone / Shutterstock.com

Station 3: Infoblatt: Mächtige Leute in Palästina

Zur Zeit Jesu waren die **Römer** eine Weltmacht. Das Römische Reich dehnte sich von England bis Ägypten und von Spanien bis Persien aus. Sie hatten auch das Land Israel besetzt. Überall im Land waren römische Soldaten stationiert. Sie sicherten die Macht des Kaisers und schlugen jeden Widerstand mit Gewalt nieder. Der römische Kaiser nannte sich Augustus, er war sehr mächtig und wurde später wie ein Gott verehrt. Überall im großen Reich regierten Statthalter als Stellvertreter des Kaisers in Rom. Sie erhoben Steuern für den Kaiser in Rom. Jeder musste sie zahlen. Weil die Steuern sehr hoch waren, wurden viele Menschen arm. Wer die Steuern nicht bezahlen konnte, wurde oft in den Schuldturm geworfen, Frauen und Kinder wurden als Sklaven verkauft.

Für viele Juden war es auch schwierig, dass die Römer eine andere Religion hatten. Sie glaubten nicht an den Gott Abrahams, wie die Juden, sondern an viele Götter und beteten sogar den Kaiser an.
Deshalb war Juden der Umgang mit Römern verboten, wer mit ihnen zu tun hatte, wie z.B. die Zöllner, galt als unrein. In Palästina waren die Römer deshalb nicht sehr beliebt, viele hofften auf Befreiung und darauf, dass Gott endlich den Messias schickt, der Israel den Frieden bringen sollte.

Als Jesus nach Jerusalem kam, hieß der Statthalter des Kaisers **Pontius Pilatus**. Er war der oberste Richter und konnte auch die Todesstrafe verhängen. Er ließ alle hinrichten, die die Macht der römischen Kaiser in Frage stellten. Auch Jesus hat er zum Tode verurteilt, er ließ ihn kreuzigen.

Außerdem regierte auch noch ein **jüdischer König**, der aber dem Kaiser unterstand. Vor Jesu Geburt war dies **Herodes**. Zu seiner Zeit ging es den Menschen ziemlich gut. Es war Frieden, Herodes ließ viele prächtige Bauten errichten und hat auch den Tempel in Jerusalem großartig ausgebaut.
Herodes war aber auch ein grausamer Herrscher, alle Konkurrenten und Gegner ließ er kurzerhand hinrichten. Als Herodes gestorben war, teilte der römische Kaiser das Land Palästina unter seinen Söhnen auf. Einer von ihnen, Herodes Antipas, wurde der Herrscher über das Land, in dem Jesus lebte.

Kaiser Augustus

Station 4: Infoblatt: Religiöse Leute in Palästina

Zur Zeit Jesu gab es in Palästina viele verschiedene religiöse Gruppen. Alle glaubten, dass Gott den Messias (das bedeutet: »der Gesalbte«) senden wird. Sie hofften darauf, dass er Israel von den Römern befreien und Frieden bringen würde. Aber sie hatten unterschiedliche Vorstellungen davon, was der Messias tun würde und wann er kommt. Die wichtigsten Gruppen sind hier beschrieben:

Die **Pharisäer** wollten konsequent nach der Thora* leben. Sie glaubten, man könne Gott am

besten verehren, wenn man alle seine Gebote hält. Darum haben sie viele Regeln erfunden, die wie ein Zaun um die Gebote gedacht waren. Wer alle diese Regeln einhielt, konnte nicht aus Versehen ein Gebot Gottes übertreten. Außerdem wollten sie im religiösen Sinn rein sein und hielten sich deshalb von allen Menschen fern, die vielleicht unrein waren (z.B. kranke Menschen, aber auch von den Römern und allen, die mit ihnen Kontakt hatten, wie die Zöllner). Ihr Name bedeutet: »die Abgetrennten«. Es waren keine Priester, sondern Laien.

Jesus hat wie die Pharisäer die Thora sehr geliebt, gestritten hat er mit ihnen aber über die praktische Durchführung der Regeln. Er war zum z.B. der Meinung, am Sabbat darf man Menschen und Tieren in Not helfen.

Schriftgelehrte gehörten häufig auch zu den Pharisäern. Sie konnten die ganze Thora auswendig und kannten auch ihre Auslegung und die Gebote darum besonders gut. Sie waren also Rechtsfachleute in religiösen, aber auch in weltlichen Fragen. Meistens arbeiteten sie als Lehrer (Rabbi). Auch im Hohen Rat (Synedrium), der über religiöse Fragen entschied, waren viele Schriftgelehrte.

Die **Priester** lebten und arbeiteten am Tempel in Jerusalem. Sie trugen eine besondere Kleidung. In den Gottesdiensten lasen und lehrten sie aus der Thora, vor allem aber brachten sie Gott Opfer dar – als Dank, Bitte oder zur Vergebung. Man glaubte, sie konnten so zwischen Gott und den Menschen vermitteln. Sie mussten auch feststellen, ob ein Mensch wieder gesund war (z.B. wenn er an Aussatz erkrankt war). Priester waren einflussreiche und angesehene Leute.

Der **Hohepriester** war der oberste Priester. In Jerusalem leitete er den Hohen Rat, die höchste religiöse Behörde der Juden, und repräsentierte die Juden auch gegenüber dem Römern. Einmal im Jahr, am Versöhnungsfest, durfte er allein das Allerheiligste im Tempel betreten. Außer ihm durfte niemand sonst in diesen Raum gehen oder hineinschauen.

Außerdem entschied der Hohepriester über Strafen für religiöse Vergehen, auch Jesus wurde von ihm verhört und verurteilt.

Die **Sadduzäer** waren noch viel strenger als die Pharisäer, sie lebten streng nach den 10 Geboten und dem Text der Thora. Sie waren nur eine kleine Gruppe, die meisten von ihnen waren vornehme Leute und adelige Priester. Sie waren bei den anderen Menschen nicht sehr beliebt.

Die **Zeloten** wollten, dass das Land unabhängig und frei von den Römern würde. Sie riefen zum Kampf gegen die Römer auf, auch mit Waffen. Sie glaubten, der Messias würde an ihrer Spitze kämpfen. Manche Forscher vermuten, dass der Jünger Judas ein Zelot war und Jesus durch seinen Verrat endlich zum Eingreifen bringen wollte. Man nannte die Zeloten auch Sikarier, das heißt »Dolchträger«. Der Name Zelot bedeutet »Eiferer«, so sehr kämpften sie für die Befreiung. Die Römer haben jedoch alle ihre Aufstände niedergeschlagen. Jesus hat die Gewalt der Zeloten abgelehnt.

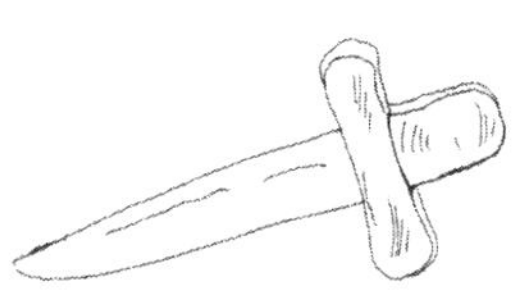

* Thora bedeutet »Weisung«. Gemeint sind damit die fünf Bücher Mose, die Basis des jüdischen Glaubens. Sie finden sich auch zu Beginn der Bibel.

Station 5: Infoblatt: Pflanzen in Palästina

	Palmen wachsen fast überall in Palästina. Sie brauchen wenig Wasser. Manche Palmen haben süße Früchte, die Datteln.
	Wein wird überall da angebaut, wo es genug Wasser gibt. An der Küste, am Jordan und auch am See Genezareth.
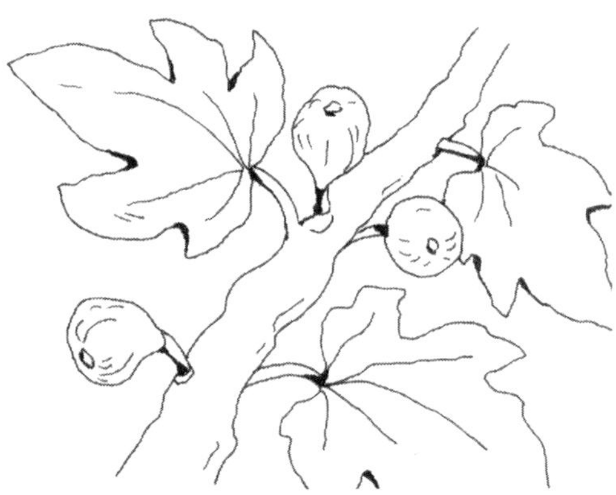	Feigen wachsen ebenfalls da, wo es genügend Wasser gibt.
	Auch in der Wüste gibt es Pflanzen. Sie können lange Zeit ohne Wasser leben, wie z.B. die Wüstenrose.

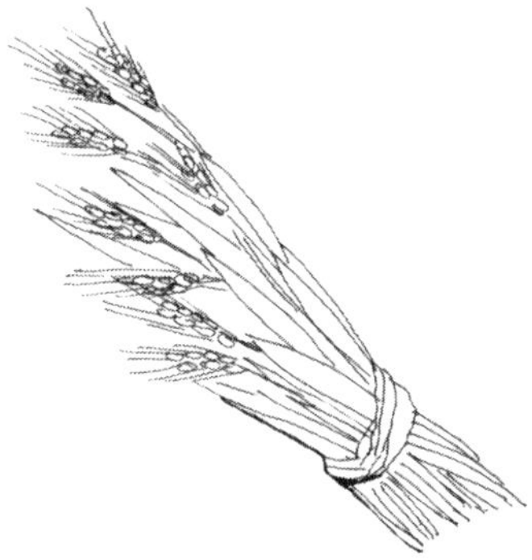	Die Bauern in Palästina pflanzten Getreide an, besonders Weizen und Gerste.
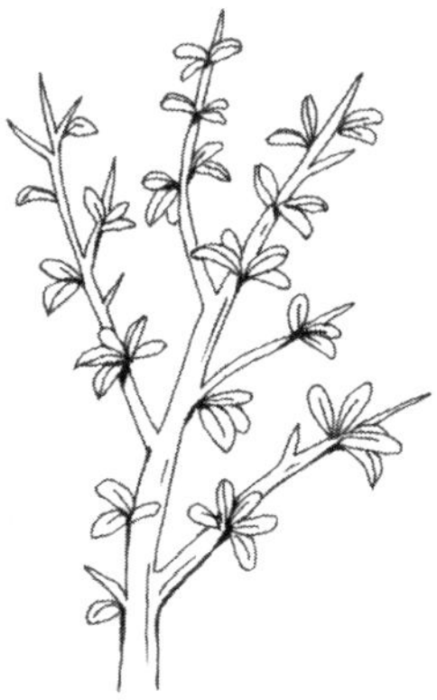	Myrrhe war sehr kostbar. Man machte daraus ein duftendes Salböl.
	Zedern wuchsen auf den Hügeln im Libanon. Mit ihrem Holz wurde auch der Tempel gebaut.
	Olivenbäume wachsen auch im Bergland. Sie geben Früchte, aus denen man Öl pressen kann.

Station 6: Infoblatt: Berufe in Palästina

Die **Bauern** in Palästina waren ziemlich arm. Ihre Arbeit war hart, das meiste machten sie mit der Hand: Sie sammelten Steine vom Acker und bauten damit kleine Mauern am Rand. Sie pflügten den Boden, damit die Erde locker wurde. Manche hatten für diese schwere Arbeit eine Kuh, die den Pflug zog. Das Korn wurde aus einem Beutel mit der Hand auf den Boden gestreut. Beim Unkraut-Zupfen half die ganze Familie mit. Das reife Getreide wurde mit einer Sichel abgeschnitten und die Körner mit Stöcken vom Halm getrennt. Beim Transport der Säcke half manchmal ein Esel.

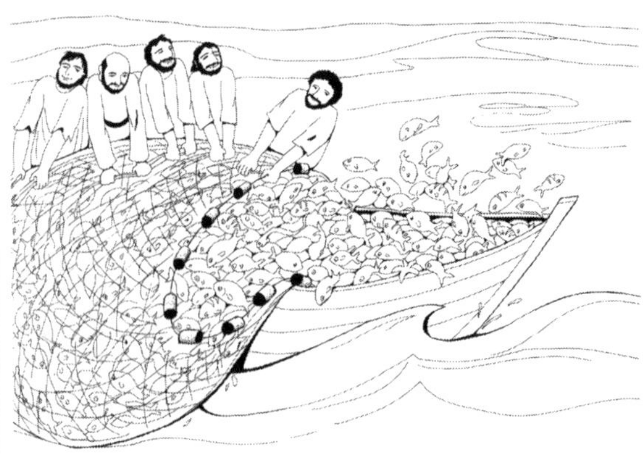

Fischer fuhren nachts mit ihren Booten auf den See Genezareth. Dort warfen sie ihre Netze aus und fingen, wenn sie Glück hatten, ein paar Fische. Am Tag trockneten sie die Fische oder legten sie in Salz ein, um sie haltbar zu machen und zu verkaufen. Dann flickten sie ihre Netze. Wenn sie nichts gefangen hatten, gab es oft für die Familie nur wenig zu essen. Die Arbeit war ziemlich gefährlich, denn nachmittags konnte es schwere Stürme auf dem See geben und so manches Boot ging dabei unter.

Hirten hüteten meist die Schafe und Ziegen von reichen Bauern. Sie waren das ganze Jahr mit den Tieren unterwegs und brachten sie zum frischen Gras und zum Wasser. Nachts mussten sie sie gegen wilde Tiere verteidigen. Dafür hatten sie Stöcke. Die Hirten mussten ihre Tiere gut kennen, wenn eines verloren ging, mussten sie es dem Besitzer bezahlen. Zweimal im Jahr wurden die Schafe geschoren und die Wolle verkauft. Abends wurden Ziegen und Schafe gemolken, aus der Milch machte man leckeren Käse.

Ein **Winzer** hatte viel zu tun. Drei Jahre brauchen die Weinstöcke, bis sie zum ersten Mal Früchte tragen. Die Weinstöcke müssen geschnitten und an Stöcken festgebunden werden. Wenn die Trauben reif sind, müssen sie schnell geerntet werden. Dafür braucht der Winzer Helfer, die er zur Zeit Jesu immer für einen Tag anstellte (Tagelöhner). Aus den Trauben wird der Saft gepresst und daraus wird der Wein gewonnen. Der fertige Wein wurde damals in Lederbeuteln (Schläuchen) aufbewahrt und manchmal noch mit Kräutern gewürzt.

	Ein **Zimmermann** war für den ganzen Hausbau zuständig. Die Handwerker verdienten nicht viel Geld und gehörten zu den ärmeren Leuten in Palästina. Der Vater von Jesus war Zimmermann. Vielleicht hat Jesus das Handwerk ebenfalls erlernt.
	**Zöllner:** Wenn die Menschen in eine Stadt reisen wollten, mussten sie für ihre Waren Zoll zahlen. Am Stadttor oder auch an großen Kreuzungen waren Zollstationen. Das Geld bekamen die Römer. Die Zöllner arbeiteten für die Römer, sie hatten die Zollstation von ihnen gepachtet. Deshalb waren sie bei den Menschen nicht sehr beliebt. Erstens waren die Römer die Besatzer des Landes (sie hatten Palästina erobert), zweitens waren sie Heiden und jeder Umgang mit ihnen war einem Juden verboten. Drittens nahmen viele von ihnen den Leuten mehr Geld ab, als die Römer forderten, und wurden so ziemlich reich.
	Einige Leute in Palästina waren auch **Kaufleute** oder **Händler**. Wenn sie mit Gewürzen, Stoffen, Schmuck und Perlen handelten, waren sie oft ziemlich wohlhabend.

M 4 Rollenkarten: Darf Jesus am Sabbat eine Frau heilen?

Du bist ein Jünger von Jesus. Du bist schon lange mit ihm gewandert und hast erlebt, wie er vielen Menschen geholfen hat. Dabei bist du ein richtiger Fan geworden. Du würdest nie zulassen, dass jemand Jesus kritisiert.	Du bist ein Pharisäer. Du denkst, Gottes Gebote müssen unbedingt eingehalten werden. Dazu gehört auch das Gebot: Am Sabbat sollst du ruhen und darfst nicht arbeiten. Du denkst: Es ist besser, wenn Jesus am Sabbat nicht heilt. Kann er das nicht an einem anderen Tag tun?
Du bist eine Freundin der kranken Frau. Du weißt, dass sie schon so lange unter den Rückenschmerzen leidet. Sie kann nicht mehr arbeiten, ihr Mann will nichts mehr von ihr wissen. Du wünschst dir sehr, dass jemand kommt, der ihr hilft. Egal wer und egal wann.	Du hast zugeschaut, wie Jesus der Frau geholfen hat. Das war schon toll, wie er das gemacht hat. Du wüsstest gerne mehr von Jesus. Warum tut er das? Vielleicht fragst du mal einen Jünger …
Du bist ein Jünger von Jesus. Du hast schon viel mit ihm erlebt. Du weißt auch, dass er sich mit den Mächtigen anlegt und kein Blatt vor den Mund nimmt. Das ist nicht ungefährlich und du machst dir Sorgen um Jesus. Muss er denn immer provozieren?	Du bist die Frau, die Jesus geheilt hat. Du hast erlebt, wie er dir die Hand gereicht hat und du aufstehen konntest. Du kannst gar nichts sagen vor lauter Freude und Dankbarkeit.
Du bist ein Reporter. Du möchtest einen Bericht darüber schreiben, was hier passiert ist. Du fragst alle Leute, was sie von Jesus halten.	Du kommst später ins Spiel. Du weißt gar nicht, was los ist. Du bist aber neugierig und fragst irgendeinen der Leute.

Hinweis zum Einsatz der Karten:
Die Karten vergrößern (DIN A6) und laminieren. Die SuS ziehen eine Karte und spielen so, wie es auf der Karte beschrieben ist. Wer keine Karte hat, kann spontan mitspielen oder die Szene beobachten und später erzählen, was er gesehen oder gehört hat.
Die SuS können die Rollen auch verändern oder weitere erfinden.
Sind viele Zuschauer da, kann der Reporter am Ende die Zuschauer um ein Meinungsbild bitten.

M 5 Arbeitsblatt: Religiöse Leute

Zur Zeit Jesu herrschten in Palästina die .... Die Juden litten sehr darunter und alle warteten sehnsüchtig darauf, dass der .... (der Gesalbte) kommt und das Land und die Menschen ....

Die .... (ihr Name bedeutet: die Abgetrennten) wollten Gottes .... genau einhalten und hofften, dass der Messias kommt, wenn alle Juden ganz genau nach der .... (der Weisung) lebten. Darum wollten sie mit .... nichts zu tun haben. Diese nahmen ja für die Römer Steuern ein und arbeiteten mit ihnen zusammen.

Manche der Pharisäer waren ...., sie konnten die ganze Thora ....

Viele waren Lehrer, man nannte sie .... Auch Jesus wurde manchmal so genannt.

Noch strenger waren die .... Sie waren nicht sehr beliebt. Viele von ihnen waren adlige Priester.

.... arbeiteten am Tempel in .... Dort brachten sie Gott ...., mit denen sich die Pilger bei Gott bedanken wollten oder ihn um .... bitten.

Der oberste Priester war der ...., nur er durfte einmal im Jahr das .... im Tempel betreten.

Es gab auch Leute, die glaubten, der Messias kommt nur, wenn die Menschen selbst das Land ...., auch mit .... Sie trugen meistens einen Dolch, darum nannte man die Zeloten auch ....

Manche Menschen glaubten, dass .... der erwartete Messias ist. Sie folgten ihm und glaubten, was er von Gott erzählte. Andere dachten, wer sich mit .... an einen Tisch setzt, kann nicht Gottes Gesandter sein.

Was denkt ihr?

Lösungsworte: Römer – Jesus – befreit – Pharisäer – Thora – Zöllnern – Schriftgelehrte – Allerheiligste – auswendig – Vergebung – Rabbi – Messias – Jerusalem – Opfer – Hohepriester – Sadduzäer – Gebote – befreien – Priester – Gewalt – Sikarier – Zöllnern

M 6

Bastelanleitung: Palme

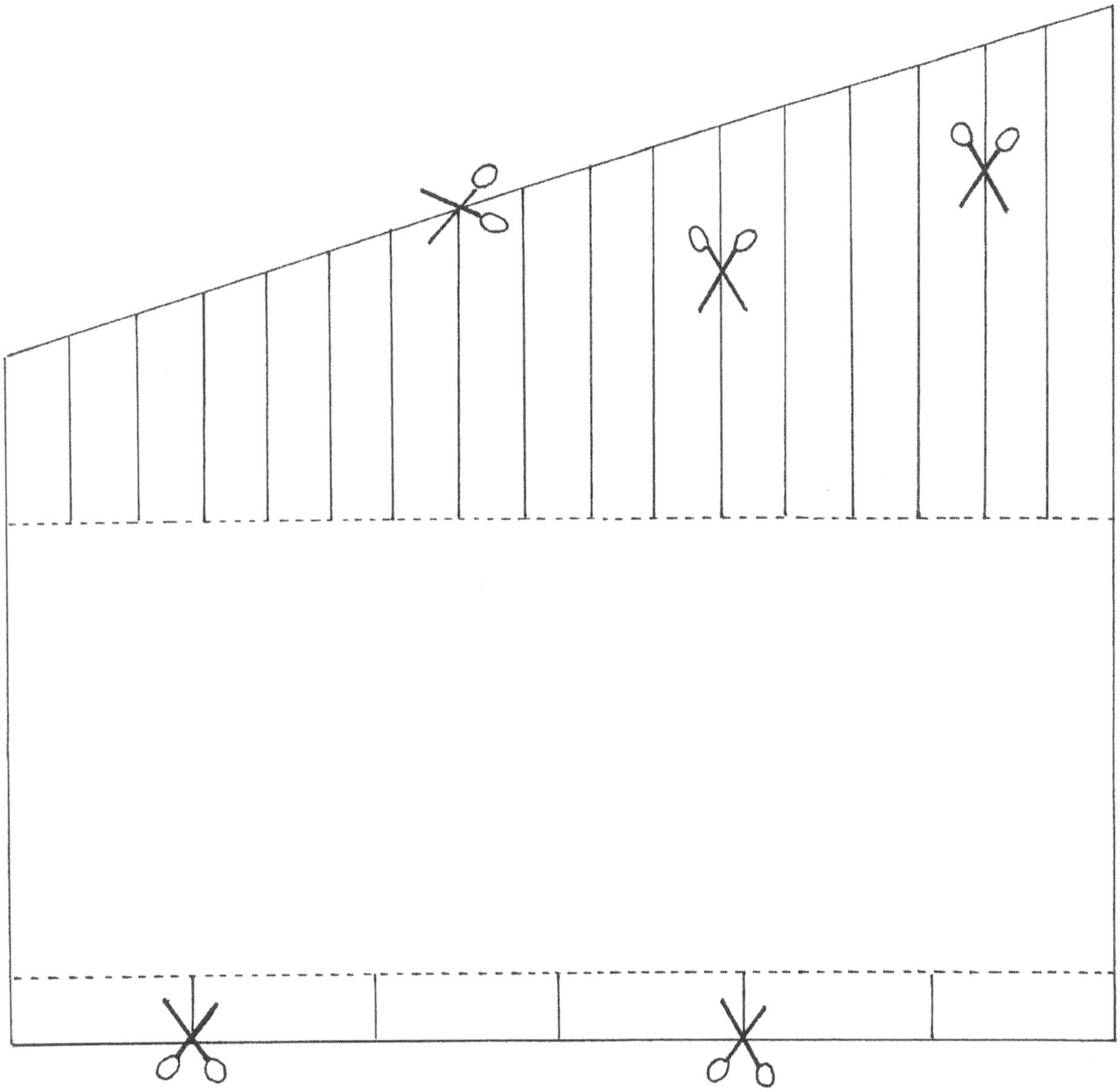

Male den oberen Teil grün und den unteren Teil braun an. (Du kannst auch hinten, also die Rückseite, anmalen). Schneide das Ganze aus. Schneide dann die Linien ein. Rolle die Palme mit der Farbe nach außen ein und klebe sie zusammen.

M 7

Spielregeln: Berufe-Raten

Einer zieht eine Berufekarte.
Die anderen müssen raten, welchen Beruf er hat.
Dazu fragen sie ihn verschiedene Dinge und er darf nur mit
»Ja« oder »Nein« antworten.
Wenn er zehnmal Nein gesagt hat und der Beruf noch nicht geraten
wurde, hat er gewonnen, andernfalls hat die Gruppe gewonnen.

M 8

Vorlage: Schafe zum Basteln

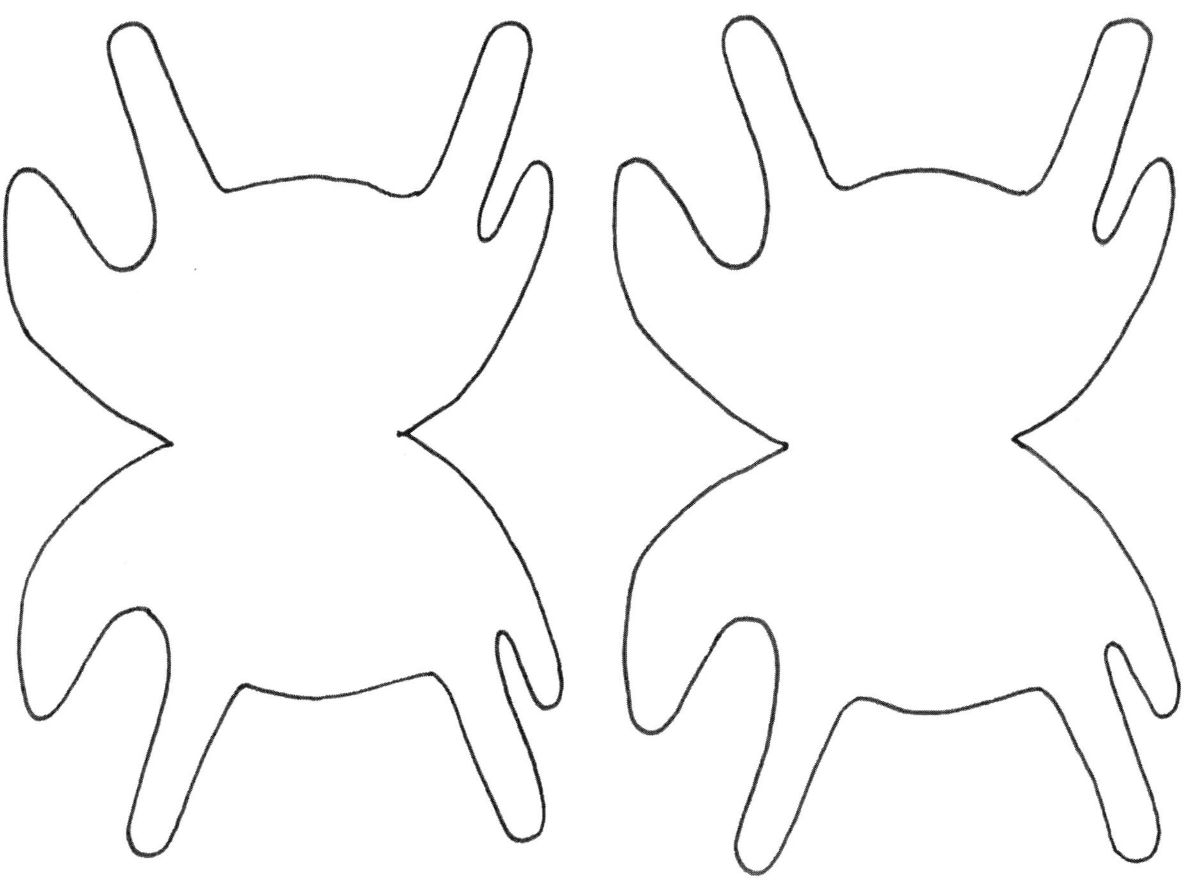

M 9

Landkarte mit Puzzleteilen I

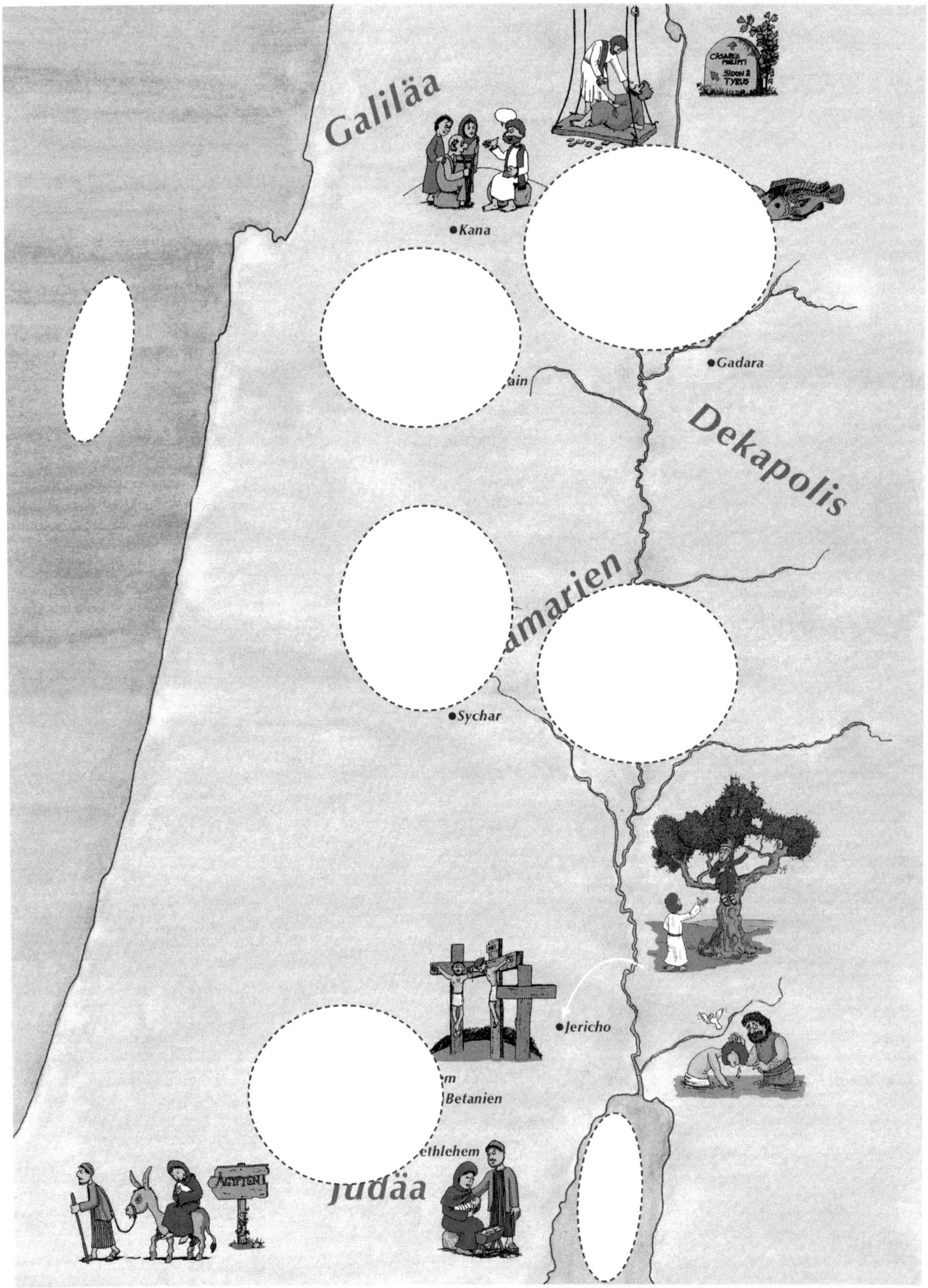

Landkarte mit Puzzleteilen II

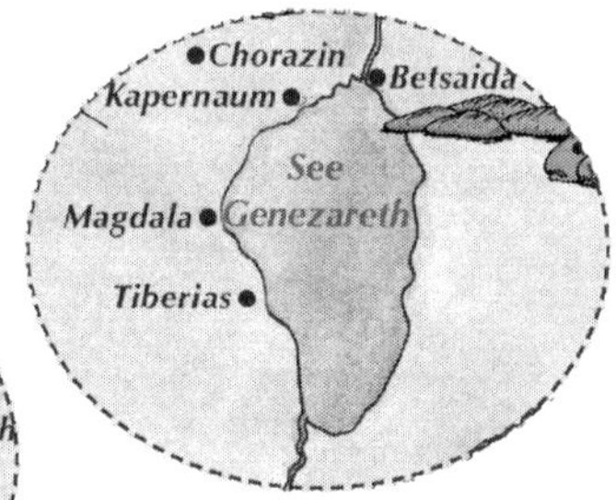

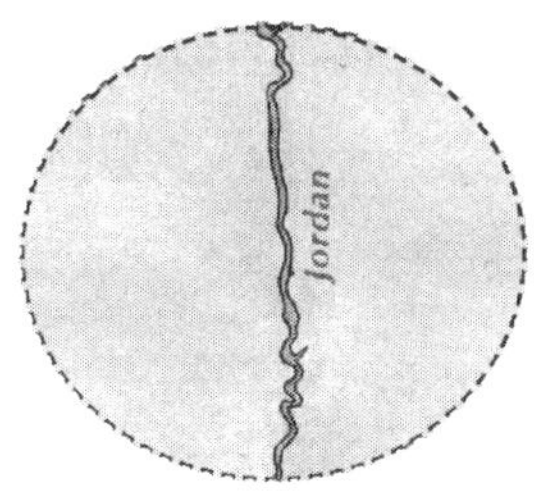

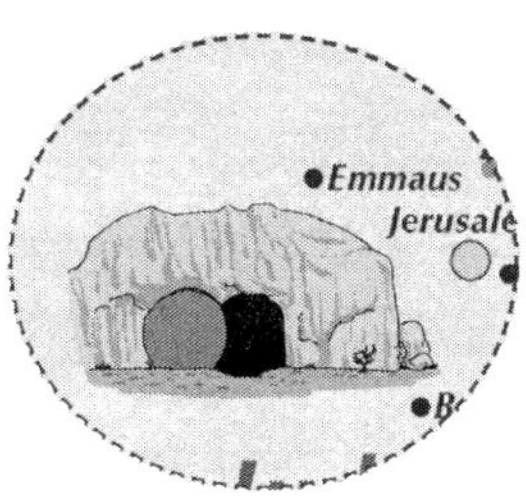

M 10

Bastelvorlage: Haus

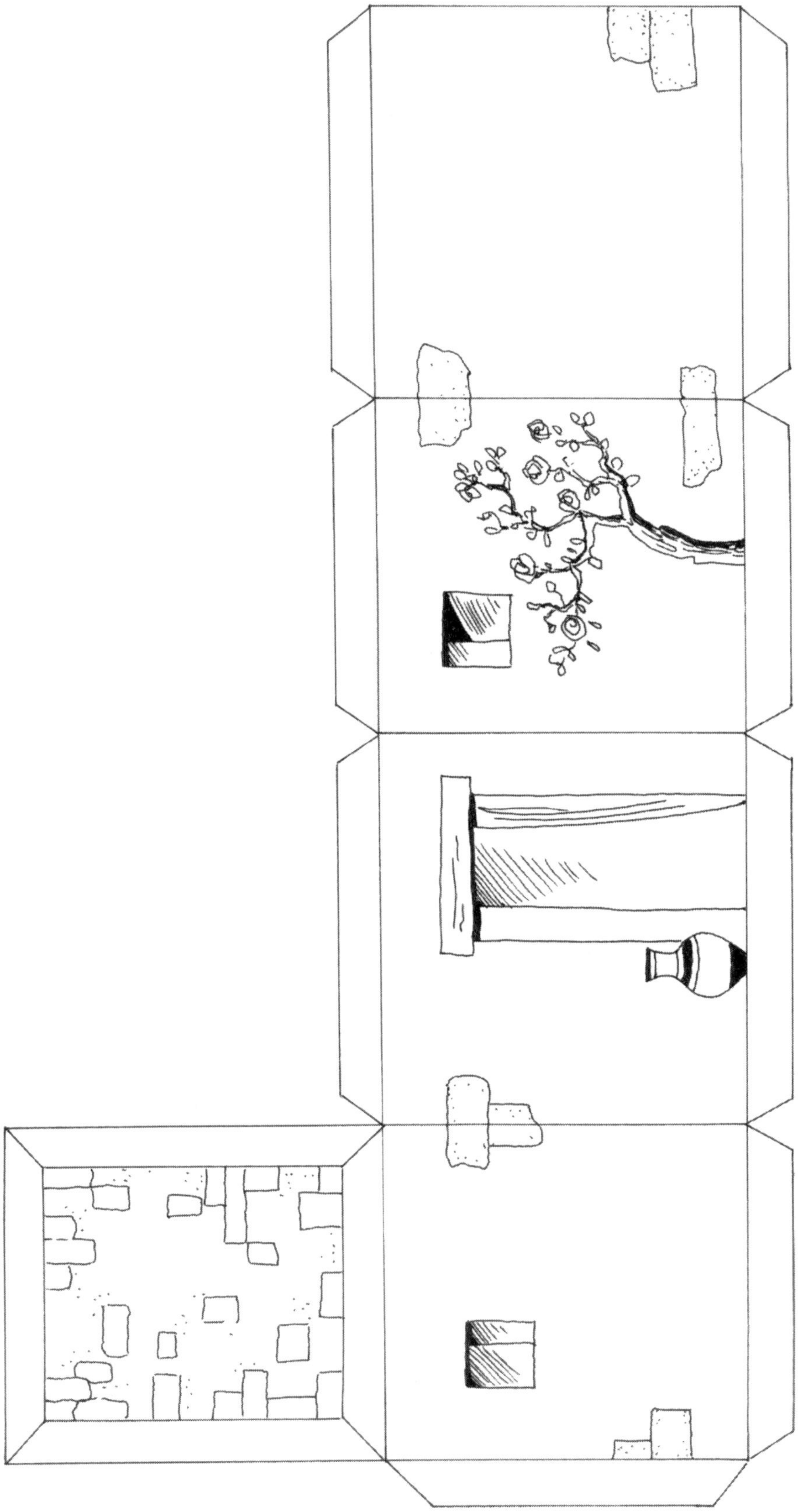

M 11 Wimmelbild: »Ein Dorf in Palästina«

Themenbereich 2: Jesus und seine Botschaft vom Reich Gottes

Kompetenzspektrum Grundstufe: Die Schülerinnen und Schüler kennen Heilungsgeschichten, Gleichnisse und Wunder. Sie wissen, dass Jesus von Gottes Liebe erzählt, sich besonders den Kleinen und Schwachen zuwendet und für Kinder einsetzt. Sie sehen im Leben Jesu, seinen Worte und Taten eine Ermutigung und Hilfe für das eigene Leben und können anhand des Lebens und der Botschaft Jesu die eigene Lebensgeschichte betrachten und verstehen.

Kompetenzspektrum Sekundarstufe I: Die Schülerinnen und Schüler wissen, dass Jesus die Botschaft vom Reich Gottes in Gleichnissen, Wundern und Heilungen zu den Menschen bringt. Sie können ein Gleichnis inhaltlich wiedergeben und übertragen, erkennen in Wundergeschichten, dass Gottes Gegenwart die kühnsten Erwartungen übertrifft, und entdecken in der Bergpredigt Bilder und Regeln für diese neue Welt. Sie können beschreiben, wie Jesus Menschen mit ihren Stärken und Schwächen akzeptiert und ihnen ohne Vorbehalte begegnet, und wissen, dass Jesus vorgelebt hat, wie Menschen miteinander umgehen sollen.

Didaktischer Schwerpunkt

In diesem Themenbereich geht es um die Begegnung der Schülerinnen und Schüler mit der Botschaft Jesu. Dabei stehen weniger sachliche Kenntnisse als Erfahrungen im Vordergrund. Im Miterleben und Nachvollziehen der Geschichten können die Schülerinnen und Schüler eigene Begegnungen mit der besonderen, wunderbaren und anrührenden Predigt Jesu machen.
Damit dies gelingt, müssen die Angebote einerseits auf die jeweiligen Aneignungsmöglichkeiten der Schülerinnen und Schüler ausgerichtet sein, zugleich aber auch den Austausch und die Gemeinschaft der Schülerinnen und Schüler untereinander ermöglichen. Darum stehen hier binnendifferenzierte und kooperative Arbeitsformen im Vordergrund.
Lernausgangslage: Die Lehrkraft legt Bilder zu verschiedenen Jesus-Geschichten aus (Wundergeschichten, Gleichnisse und Geschichten von der Zuwendung Jesu zu Ausgestoßenen, nach Wahl). Die Schülerinnen und Schüler wählen ein Bild, das sie kennen, und erzählen den anderen davon. Zusammen werden die Bilder sortiert: Geschichten, die wir kennen, – Geschichten, die wir kennenlernen möchten. Die *Ergebnissicherung* kann als Projekt erfolgen: Die Lerngruppe baut eine Jesus-Kiste (ein großer Pappkarton wird außen beschriftet und verziert). In die Kiste kommen Arbeitsergebnisse der Gruppe, Geschichten, Spiele, Lieder und Gegenstände, die zu Jesus und seiner Botschaft gehören.

Mögliche Inhalte, mit denen die Kompetenzen erworben werden können

Im Folgenden werden Arbeitsanregungen zu jeweils einer Wundergeschichte, einem Gleichnis und einer Begegnungsgeschichte ausführlich vorgestellt.
Dabei wird im Sinne einer Binnendifferenzierung zu jeder Aneignungsweise mindestens eine Idee ausführlich und weitere in Stichworten präsentiert.
Für das kooperative Arbeiten werden die Anregungen in gleicher Weise darstellt: Eine Idee wird ausgeführt, andere skizziert.
Die Lehrkraft wählt aus den Vorschlägen die Arbeitsformen aus, die für ihre Gruppe passend sind, es ist nicht daran gedacht, in einer Gruppe alle Angebote durchzuführen.

2.1 Wundergeschichten – Grund- und Sekundarstufe I

2.1.1 Grundstufe: Die Speisung der 5000 – Jesus stillt den Hunger der Menschen[1]

Zu Beginn erzählt der Unterrichtende die Geschichte als Bodenbild, dabei werden basale Zugänge ermöglicht. Das Bild bleibt in der Mitte liegen, während die Kinder an differenzierten Arbeitsaufträgen arbeiten.

M 1: Erzählvorschlag: Die Speisung der 5000

Zugänge mit basalem Schwerpunkt

- ☐ Die Schülerinnen und Schüler lagern sich (oder werden gelagert) auf einem weichen Untergrund, an einem für sie angenehmen Ort und in einer angenehmen Körperhaltung. In dieser Haltung erleben sie die Geschichte (s.o.). Gedämpfte Beleuchtung, leise beruhigende Hintergrundmusik (evtl. auch mit Kopfhörer) können das Wohlfühlen verstärken. Diese Übung lässt nacherleben, wie sich die Menschen der Geschichte um Jesus herum lagern und ihm zuhören.
- ☐ Die Schülerinnen und Schüler werden aufmerksam auf verschiedene Klänge. Sie hören aufmerksam zu. Die Lehrkraft spielt meditative Musik von einem Tonträger ein, einzelne SuS erproben gemeinsam, mit Orff-Instrumenten angenehme Töne zu erzeugen und sie aufeinander abzustimmen. Für Jesus wird der Ton einer besonderen Klangschale eingeführt. Diese Vor-Übung ermöglicht das aufmerksame Hören auf die Geschichte und lässt nacherleben, wie die Menschen um Jesus auf seine Worte hörten und sie als angenehm empfanden.
- ☐ Die Schülerinnen und Schüler machen basale Erfahrungen mit Brot: Ein Fladenbrot liegt unter einem Tuch verborgen in der Mitte des Raums. Die Aufmerksamkeit aller richtet sich auf das Tuch. Achtsam entfernt die Lehrkraft (oder ein Kind) das Tuch und alle sehen das Brot. Nun wird der ganze Brotlaib herumgegeben, alle nehmen ihn in die Hand, schauen und nehmen den Geruch des Brotes wahr. Die Lehrkraft teilt das Brot in Stücke, jedes Kind bekommt eins. Die Kinder spüren, riechen und schmecken das Brot.
- ☐ Die Schülerinnen und Schüler machen Erfahrungen des Teilens. Zuerst bekommt jedes Kind ein Stück Brot in die Hand gelegt. Dies schenkt es einem anderen Kind und bekommt selber von einem Kind wieder ein Stück geschenkt. Dann essen alle das Brot, das sie geschenkt bekommen haben.
  Oder: Ein Kind bekommt ein Stück Brot, das es mit einem anderen teilt. Beide essen gemeinsam. Diese Übung lässt erleben, dass ›geschenktes‹ Brot besonders (gut) schmeckt, wenn man es in der Gemeinschaft isst.
- ☐ Die Schülerinnen und Schüler machen die Erfahrung des Sammelns. Im Klassenraum legt die Lehrkraft verschiedene einzelne Dinge aus (Bonbons oder kleine Gegenstände). In die Mitte der Klasse stellt sie einen Korb. Die Kinder bekommen nun die Aufgabe, alle Dinge zu suchen (evtl. immer zwei Kinder zusammen, damit gegenseitige Hilfestellung möglich wird) und in dem Korb zu sammeln. Alle beobachten, wie voll der Korb wird, wenn jeder etwas hineinlegt. Die Kinder überlegen, was mit dem Gesammelten geschehen soll – gemeinsam essen oder jemandem schenken?

---

1 Weitere Vorschläge zur Geschichte in AHR-i. Praxisband: Bibel – Welt und Verantwortung S. 22, 27 und 60.

- ☐ Die Kinder üben die Gebärden für ein Tischgebet ein und sprechen / gebärden es gemeinsam. Ein Kind kann mit seinem Talker dazu den Anfang bestimmen (auf dem Talker ist zu hören: »Wir beten zusammen« ... nach einer Pause dann das Gebet).

  M 2: Gebärdengebet

Zugänge mit konkret-handelndem Schwerpunkt

- ☐ Einige Kinder schneiden oder brechen ein großes Fladenbrot in kleinere Stücke und verteilen diese an die Mitschüler/innen. Alle essen gemeinsam. Wenn etwas übrig ist, sammeln andere Kinder die Reste ein und überlegen: Was soll mit den Resten geschehen?
- ☐ Die Lehrkraft legt ein ganzes Fladenbrot in die Mitte. Die Schülerinnen und Schüler überlegen gemeinsam: Was können wir tun, damit alle Kinder in der Gruppe etwas davon abbekommen? Wie kann jeder das bekommen, was er braucht? Sie probieren verschiedene Möglichkeiten aus.
- ☐ Die Lerngruppe macht einen Lerngang zu einem Bäcker. Dort lernen die Kinder Mehl, Backzutaten und das fertige Brot kennen (fächerverbindendes Arbeiten).
- ☐ Die Kinder basteln Würfel mit Tischgebeten in unterschiedlicher Form: mit Texten, Bildern oder mit Gebärden. Diese Würfel können beim gemeinsamen Frühstück in der Klasse verwendet werden oder auch mit nach Hause genommen werden.

  M 3: Gebetswürfel

Zugänge mit anschaulichem Schwerpunkt

- ☐ Die Kinder teilen die Geschichte in verschiedene Szenen auf und malen dazu Bilder. Sie erzählen die Geschichte den anderen mit Hilfe ihrer Bilder, z.B. im Kamishibai-Theater.
- ☐ Die Schülerinnen und Schüler verteilen einzelne Rollen zur Geschichte so, dass jedes Kind mitspielen kann. Sie spielen die Geschichte gemeinsam nach.
- ☐ Die Schülerinnen und Schüler erinnern sich an die Geschichte und überlegen: Was hat Jesus den Menschen am See wohl erzählt, als sie alle da waren und ihm zuhörten? Mit Hilfe von Bildern erinnern sie sich, z.B. an Gleichnisse oder Worte der Bergpredigt.
- ☐ Die Kinder gestalten ein Memory-Spiel zur Geschichte. Dazu malen sie einzelne Szenen auf leere Memory-Karten und schreiben dazugehörige Sätze (siehe Textpuzzle) auf andere Karten. Das Spiel kann folgendermaßen differenziert werden:
  - ➢ Die Bilder werden zweimal gemalt und die Kinder decken gleiche Szenen auf.
  - ➢ Die Kinder decken eine Szene und die dazugehörige Satzkarte auf.
  - ➢ Die Kinder decken nur Satzkarten auf.
- ☐ Die Kinder versetzen sich in die Lage eines Kindes, das beim Geschehen am See dabei gewesen ist, und erzählen die Geschichte am ›nächsten Tag‹ einem Freund / einer Freundin, die nicht dabei gewesen ist.
- ☐ Die Kinder überlegen gemeinsam: Die Menschen am See warteten auf Jesus. Sie wollten ihn unbedingt hören und sehen. Was haben sie sich wohl von ihm gewünscht? Dazu wählen die Kinder aus vorgestellten Psalmwortkarten Texte aus und legen sie auf das Bodenbild der Erzählung. Sie begründen ihre Entscheidung.

  M 4: Psalmwortkarten

☐ Die Kinder erarbeiten sich die Geschichte mit Hilfe eines Textpuzzles. Dazu werden 13 einfache Sätze mit je einem Buchstaben kombiniert. Die Kinder bringen die Sätze in eine sinnvolle Reihenfolge und erhalten als Kontrolle ein Lösungswort.
  - Differenzierung: Bilder und Texte kombinieren.
    M 5: Textpuzzle

Zugänge mit kognitiv-abstraktem Schwerpunkt

☐ Die Schülerinnen und Schüler machen ein Positionsspiel zur Frage: »Woher kommt das Brot?« Dazu schreibt die Lehrkraft folgende Sätze jeweils auf ein Blatt und hängt sie in der Klasse an zwei voneinander entfernten Orten auf:
  - »Das Brot kommt vom Bäcker«
  - »Das Brot kommt von Gott«

  Die Kinder lesen die Sätze und stellen sich zu dem Satz, dem sie zustimmen. Sie begründen ihre Meinung. Dann verändern sie ihre Position und versuchen, Argumente für die andere Seite zu finden. So führen sie miteinander ein theologisches Gespräch.

☐ Die Schülerinnen und Schüler informieren sich über die »Brockensammlung« der Bodelschwinghschen Anstalten in Bethel. Sie überlegen, warum diese Einrichtung wohl »Brockensammlung« heißt, und gestalten ein Werbeplakat für diese Aktion.
  Hinweis: Unter http://www.brockensammlung-bethel.de findet man viele Informationen zur Brockensammlung, ein Video und Kontaktadressen.

☐ Die Schülerinnen und Schüler erhalten ein Textblatt mit der Geschichte der Speisung der 5000. Sie markieren wichtige Wörter und schwärzen den Rest des Textes. Dann erzählen sie die Geschichte mit Hilfe der wichtigen Wörter einem anderen Kind in der Klasse.

☐ Die Kinder gestalten ein Wortbild zur Geschichte. Mögliche Wörter können sein: Hunger, satt werden, teilen, …
  Hinweis: Bei einem Wortbild werden die passenden Wörter so geschrieben, dass sich ein Bild ergibt.

☐ Die Kinder hören: Gott will nicht, dass Menschen hungern. Sie fragen: Was können wir tun, damit Menschen nicht hungern müssen? Sie informieren sich z.B. über die Aktion »Brot für die Welt« und planen eine Aktivität.

☐ Die Schülerinnen und Schüler besuchen einen »Tafelladen« und machen dazu eine Ausstellung für die Schule.

☐ Die Schülerinnen und Schüler führen in kleinen Gruppen ein theologisches Gespräch. Folgende Anregungen werden auf eine Karteikarte (DIN A5) geschrieben:
  - Jesus ist das Brot des Lebens … – was bedeutet das?
  - Jesus sagt: »Der Mensch lebt nicht vom Brot allein.« – Was gibt Jesus den Menschen noch?
  - Ein Werbespruch heißt: »Geiz ist geil.« – Die Geschichte von Jesus zeigt aber: Teilen macht reich. Wer hat Recht?

  Die Schülerinnen und Schüler wählen eine Karte und sprechen gemeinsam darüber. Sie gestalten eine Mindmap zu den Ergebnissen und erzählen damit später der Gesamtgruppe von ihren Gedanken.

Kooperative Angebote

Die Schülerinnen und Schüler bilden heterogene Gruppen und überlegen gemeinsam: Wie können wir den Arbeitsauftrag so ausführen, dass alle beteiligt sind? Was kann ich, was kannst du, was kann er/sie zur Lösung der Aufgabe beitragen? Dann arbeiten sie gemeinsam. Folgende Aufgaben sind möglich:

- ☐ Stellt die Geschichte pantomimisch in verschiedenen Szenen dar:
  - ➢ Die Menschen stehen am Ufer und warten.
  - ➢ Jesus und seine Jünger kommen mit einem Boot und steigen aus.
  - ➢ Jesus erzählt eine Geschichte, alle hören zu.
  - ➢ Alle lagern sich / werden gelagert und fünf Brote werden gesammelt.
  - ➢ Die Jünger teilen aus.
  - ➢ Alle essen und danken.
  - ➢ Die Reste werden eingesammelt.
- ☐ Die Schülerinnen und Schüler backen gemeinsam ein Fladenbrot und feiern miteinander.
- ☐ Die Schülerinnen und Schüler führen eine Sammelaktion auf dem Schulhof durch: Sie fotografieren und sammeln weggeworfenes Brot und machen eine Ausstellung für die Schule. Gemeinsam wird überlegt: Wie können wir achtsam mit Lebensmitteln umgehen und andere dazu ermutigen?
- ☐ Die Schülerinnen und Schüler organisieren und veranstalten einen Flohmarkt für einen guten Zweck (z.B. für »Brot für die Welt« oder zur Unterstützung des Tafelladens in der Wohnumgebung).
- ☐ Die Schülerinnen und Schüler stellen zusammen ein Wachs-Kratzbild her: Dazu tragen einige Kinder viele bunte Farben mit Wachskreide auf eine Unterlage auf (am besten eignet sich fester Karton in DIN A4-Größe). Wenn das ganze Blatt gefüllt ist, malen andere Kinder mit schwarzer Wachskreide darüber, bis das ganze Blatt schwarz ist. Nun lassen sich Bilder und Texte mit einem Kratzstift herauskratzen. Die Kinder entscheiden gemeinsam, welche Szene aus der Geschichte sie darstellen wollen.

2.1.2 Sekundarstufe I: Die gekrümmte Frau – Jesus richtet Menschen auf

Präsentation

Die Lehrkraft präsentiert die Geschichte als Schattenspiel am Overhead-Projektor. Dazu sollten die Bildvorlagen vergrößert werden. Die Figuren können vervielfältigt in den anschließenden differenzierten Arbeitsaufträgen verwendet werden.

M 6: Erzählvorschlag und Anleitung zum Schattenspiel

Zugänge mit basalem Schwerpunkt

- ☐ Die Schülerinnen und Schüler nehmen eine gebückte, gekrümmte Haltung ein. Sie sitzen oder liegen auf dem Boden oder einem Stuhl, halten Oberkörper und Kopf soweit wie möglich gesenkt. Sie nehmen wahr, welche Einschränkungen damit verbunden sind. Sie fühlen auch in Ansätzen den Schmerz, den eine solche Haltung verursacht.

  Danach erleben sie, wie gut es ist, wenn sie jemand aufrichtet: Die Lehrkraft geht mit einem Schüler zu den anderen, rührt sie vorsichtig an und sagt: »Richte dich auf, schaue umher.« Wenn nötig, helfen sie beim Aufrichten.
- ☐ Die Schülerinnen und Schüler machen Erfahrungen mit ihren Händen. Dazu gibt die Lehrkraft folgende Anweisungen, jede einzelne Übung beginnt und endet mit dem Ton einer Klangschale (+).
  - + Drücke deine Hand ganz fest auf den Boden … +
    + Streiche nun, so sanft es geht, über den Boden. +
  - + Drücke deine Hand ganz fest auf deinen Oberschenkel … +
    + Streiche nun sanft über dein Bein. Mach das Gleiche mit deiner Schulter.
  - + Lege eine Hand auf die Schulter eines Mitschülers, drücke vorsichtig, aber fest, → der Mitschüler folgt dem Druck und bückt sich … +
  - + Streiche nun ganz sanft über die Schulter und den Rücken deines Mitschülers, → er richtet sich wieder auf. +

  Anschließend werden die Rollen gewechselt.
- ☐ Die Schülerinnen und Schüler machen die Erfahrung, etwas nicht erreichen zu können.

  Dazu legt die Lehrkraft für jeden Schüler eine Süßigkeit oder einen anderen Gegenstand an einen Ort in der Klasse, den der jeweilige Schüler nicht erreichen kann. Sie macht die Schülerinnen und Schüler darauf aufmerksam. Die Schülerinnen und Schüler tauschen sich über ihre Gefühle in dieser Situation aus. Dann überlegen sie gemeinsam, wie sie sich gegenseitig helfen können, die Süßigkeit zu erreichen. Wenn alle Schülerinnen und Schüler ihre Süßigkeit erreicht haben, wird sie gemeinsam verspeist.

  Alternative: Anstelle der Süßigkeit ein Puzzleteil verwenden. Am Ende werden alle Teile zusammengelegt und ergeben ein Bild.

  M 7: Puzzlebild: Die gekrümmte Frau.
- ☐ Die Schülerinnen und Schüler machen die Erfahrung verweigerter Hilfe.

  Die Lehrkraft macht auf Situationen aufmerksam, in denen einige Schülerinnen und Schüler Hilfe brauchen. Sie fordert andere Schüler zur Hilfestellung auf. Dann verhindert sie die Hilfeleistung. Die Schüler äußern sich oder zeigen mit Smileys, wie es ihnen dabei geht. Danach wird die Hilfe gewährt. Was hat sich verändert?

Zugänge mit konkret-handelndem Schwerpunkt

- ☐ Die Schülerinnen und Schüler stellen die Figuren der Schattenbilder mit dem eigenen Körper nach und unterhalten sich über ihre Erfahrungen beim Spiel.
- ☐ Die Schülerinnen und Schüler spielen das Packesel-Spiel:
  Ein Schüler bekommt einen leeren Rucksack auf den Rücken (freiwillig!). Die anderen nennen Schimpfwörter, die in der Klasse häufig verwendet werden, und schreiben sie auf einen Stein. Dann nennen sie das Wort und legen den Stein in den Rucksack. Wenn der Rucksack immer schwerer wird, setzt sich der Schüler, der ihn trägt, auf einen Stuhl. Er äußert durch Stöhnen oder Sprache, welche Last diese Wörter für ihn sind. Wenn der Rucksack zu schwer wird, darf er STOPP sagen.
  Dann nehmen die SuS einen Stein nach dem anderen aus dem Rucksack heraus und legen ihn in die Kreismitte. Gemeinsam überlegen sie ein Wort, das die Last wegnehmen kann. Das schreiben sie auf einen kleinen Zettel (z.B. in Blumenform), den sie auf den Stein legen.
  Der Schüler, der den Rucksack trägt, spürt, wie dieser immer leichter wird. Er erzählt den anderen von seiner Erfahrung.
  Variante: Die Schülerinnen und Schüler nennen Situationen, die sie belasten (z.B. Noten, Streit der Eltern, Streit in der Klasse …) und schreiben diese auf Steine.
- ☐ Die Schülerinnen und Schüler drücken die Freude über die Heilung der Frau in einem Tanz aus.
  Lieder mit Tanzanleitung finden sich in: Elke Hirsch, Kommt, singt und tanzt, dort z.B.: »Laudate omnes gentes« (S. 89) und »Gottes Liebe ist so wunderbar« (S. 64ff).

Zugänge mit anschaulichem Schwerpunkt

- ☐ Die Schülerinnen und Schüler lesen den Text der Erzählung (s.o.) und finden Klänge zu den einzelnen Szenen. Sie können dazu Orff-Instrumente verwenden oder die Töne mit dem eigenen Körper machen (mit den Händen streicheln, klatschen, mit den Fingern schnipsen, mit den Füßen aufstampfen, mit der Zunge schnalzen usw.). Dann führen sie ihr Musikstück vor der Klasse auf.
- ☐ Die Schülerinnen und Schüler bauen zunächst ein Standbild: Die gekrümmte Frau sitzt in der Synagoge, andere stehen dabei. Dann rührt ein Schüler die Frau an. In das Bild kommt Bewegung – die Frau richtet sich auf …
- ☐ Die Schülerinnen und Schüler lesen die Geschichte und überlegen: Welche Handhaltungen passen zu den einzelnen Szenen. Sie erproben diese Haltungen mit den eigenen Händen. Dann suchen sie Bilder von Händen – Text zuordnen, Geschichten erzählen und spielen.
- ☐ Die Schülerinnen und Schüler sprechen miteinander darüber, was Menschen niederdrückt. Sie schreiben Stichworte dazu auf graue Steine aus Papier. Dann benennen sie, was Menschen aufrichtet und froh macht. Sie schreiben dies auf die Rückseite der Papiersteine und bemalen diese Seite mit bunten Farben. Die »Steine« werden an einer Schnur befestigt und wie eine Kette im Klassenraum aufgehängt.
- ☐ Die Schülerinnen und Schüler betrachten die Miniaturzeichnung zur Geschichte. Dann erarbeiten sie mit Hilfe des Arbeitsblattes die Gefühle der Frau vor und nach der Begegnung mit Jesus.

  M 8: Bild und Arbeitsblatt: Die gekrümmte Frau

Zugänge mit kognitiv-abstraktem Schwerpunkt

- ☐ Die Schülerinnen und Schüler sammeln aus Zeitschriften und anderen Quellen Bilder von niedergedrückten Menschen heute. Sie informieren sich über die Hintergründe und berichten den Mitschülern davon.
  Beispiele: Menschen in Kriegsgebieten; Menschen auf der Flucht; Bettler in der Stadt; Kinder auf Müllkippen in Südamerika; trauernde Menschen an einem Grab …
  Gemeinsam überlegen alle, was geschehen muss, damit diese Menschen aufgerichtet werden, und ob sie selbst etwas dazu beitragen können.
- ☐ Die Schülerinnen und Schüler schreiben einen Blog im Namen der geheilten Frau: »Hallo, ich muss euch etwas Unglaubliches berichten …« o.Ä.
- ☐ Die Schülerinnen und Schüler lesen das Gedicht von Wilhelm Willms: »wußten sie schon«. Sie schreiben kleine Geschichten zu einzelnen Versen. Dann kleben sie den Text in die Mitte eines Plakates und ordnen ihre Geschichten um das Gedicht herum an.
  M 9: Gedicht: »wußten sie schon«
- ☐ Die Schülerinnen und Schüler informieren sich über das Sabbatgebot und erklären den Mitschülern, warum die Pharisäer sich gegen Jesus stellen. Hilfsmittel: z.B. Bibellexikon oder Informationstexte der Lehrkraft.
- ☐ Die Schülerinnen und Schüler führen ein Konflikt-Gespräch zu der Frage: »Was ist wichtiger: einem Menschen helfen oder Regeln einhalten?« Dabei übernehmen sie probeweise verschiedene Positionen und Haltungen. Sie diskutieren die Frage anhand von Situationen, in denen es zum Konflikt kommen kann. *Beispiele*:
  - ➢ Ein Mann muss seine hochschwangere Frau ganz schnell ins Krankenhaus fahren. Die Ampel ist rot …
  - ➢ Zwei Freunde machen eine Bergtour und verirren sich. Sie haben fast nichts mehr zu essen. Einer der beiden ist Muslim, der andere hat noch zwei kleine Trockenwürste (Salamis). Diese sind aus Schweinefleisch …

  Die Schülerinnen und Schüler finden dann ähnliche »Dilemma-Situationen« in der Klasse oder Schule und stellen das Problem der Gesamtgruppe vor. Gemeinsam suchen sie nach befriedigenden Lösungen.

Kooperative Angebote

Die Schülerinnen und Schüler bilden heterogene Gruppen und überlegen gemeinsam: Wie können wir den Arbeitsauftrag so ausführen, dass alle beteiligt sind? Was kann ich, was kannst du, was kann er/sie zur Lösung der Aufgaben beitragen? Dann arbeiten sie gemeinsam. Folgende Aufgaben sind möglich:

- ☐ Die Schülerinnen und Schüler erstellen ein gemeinsames Plakat. Dazu fertigen sie Handabdrücke aller Mitschüler/innen an. Jeder wählt seine Lieblingsfarbe, bringt die Farbe auf der Handfläche auf und drückt diese dann so auf das Plakat, dass aus allen Händen ein Kreis entsteht.
  Dann überlegen alle gemeinsam: Was bedrückt NN und was kann ihn/sie aufrichten? Wie können wir ihn/sie ermutigen? Das Bedrückende wird unter die Hand geschrieben, das Aufrichtende in die Handfläche. In/an der Handwurzel steht der Name des Schülers / der Schülerin (oder ein Bild).
  Alternativen: Umrisszeichnungen der Hände anfertigen, ausschneiden und aufkleben; Gipsabdrücke der Hände anfertigen, bemalen und auf einer Spanplatte befestigen.

- ☐ Die Schülerinnen und Schüler lernen »amnesty international« kennen, eine Organisation, die sich weltweit für Unterdrückte einsetzt. Sie beteiligen sich aktiv an einer Aktion, z.B. schreiben sie Briefe für politisch Verfolgte. Aktuelle Anlässe sollten aufgegriffen werden.
  - ➢ http://www.amnesty.de/informieren
- ☐ Die Schülerinnen und Schüler thematisieren Mobbing in der Schule und organisieren eine Aufklärungsaktion zu den Fragen: Was ist Mobbing? – Warum geschieht es? – Was kann man tun und an wen kann man sich wenden, wenn man betroffen ist?

M 1

Erzählvorschlag: Die Speisung der 5000

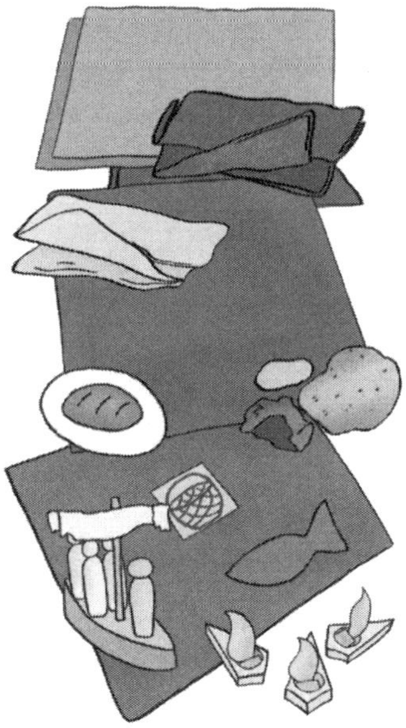

Speisung der 5000

Vorbereitung des Legebildes:

Blaue Tücher für den See, zwei ockerfarbene Tücher für die wüste Gegend, ein grünes Tuch für das Gras, ein weißes Tuch gefaltet für den Tisch.
Viele Holzfiguren für Jesus, Jünger und Menschen in der Wüste.
Ein Boot aus einem DIN A3-Bogen gefaltet oder ein anderes Boot in entsprechender Größe.
Einige grobe Kiesel, Leuchter (mit Kerzen oder aus Goldpapier ausgeschnittenen Flammen), fünf Brote (eines davon aus dem Friedenskreuz), zwei Fische und zwölf Körbe (aufgezeichnet und ausgeschnitten).
Vier kleine Brote und zwei kleine »Brotfische« können vorher gebacken werden. Sie werden dann zu einer gemeinsamen Mahlzeit am Ende der Geschichte in der Gruppe geteilt und gegessen.

Die Menschen warten auf Jesus

Als Jesus in den Dörfern am See Genezareth zu Gast war, da hat es sich bald herumgesprochen:
»Diesen Jesus hat uns der Himmel geschickt! Er ist wie ein guter Hirte! Er sorgt für die Menschen. Er hat ein Ohr für mich, wenn es mir schlecht geht. Und er hat gute Worte für mich, da kann ich neue Hoffnung schöpfen. Und so manchen, der am Boden lag, den hat er wieder aufgerichtet und heil gemacht.«

An diesem Tag steigt Jesus mit seinen Jüngern in ein Boot und lässt sich auf den See hinausfahren.
Zum ersten Teil der Geschichte werden blaue Tücher rund ausgebreitet. Darauf ein Boot, mit Jesus und einigen Jüngern.

Aber wohin er auch kommt, es warten viele Menschen auf ihn. Sie kommen aus den Dörfern und suchen ihn. Jesus sieht sie von weitem. Wie eine große Herde, die ohne Hirten ist; durcheinander und ohne Ziel.

Ein oder zwei sandfarbene Tücher werden als Ufer und Wüste an das blaue Tuch angelegt. Das erste Tuch wird sehr unordentlich gefaltet, das zweite etwas glatter daran angelegt. Auf dieses Tuch werden die Menschen gestellt, die auf Jesus warten.

Jesus schenkt Hoffnung zum Leben

Jesus steigt aus und geht zu den Menschen.
Er hört ihre Klagen: »Hilf uns! Wir wissen nicht, wer es sonst könnte.«

Jesus und seine Jünger gehen zu den Wartenden.
Im Verlauf der Erzählung werden einige Steine zwischen die Menschen gelegt, als Zeichen für die Klagen und das Leid der Menschen, die dort zusammenkommen.

Die Menschen drängen sich zu ihm, sie suchen seine Nähe, sie sind hungrig auf seine Worte.

Um Jesus herum werden nun zu den Motiven der Erzählung einige Leuchter gestellt, als Zeichen der Hoffnung auf die Liebe Gottes, von der Jesus erzählt.

Lange spricht er mit ihnen und erzählt von Gottes Liebe:
»Stellt ihn euch vor, unseren Gott, wie einen guten Vater. Er nimmt euch an die Hand und zeigt euch einen guten Weg für euer Leben.
Stellt ihn euch vor wie eine gute Mutter. Sie weiß, was gut ist für ihre Kinder und gibt ihnen alles, was sie zum Leben brauchen.
Oder stellt ihn euch vor, wie einen guten Hirten. Er sorgt für seine Herde, er führt sie dort hin, wo die Weide grün ist und das Wasser klar und erfrischend.«
Die Menschen hören ihm zu, seine Worte tun ihren Herzen gut.
Und er hört auf das, was sie ihm klagen. Ihre Krankheit und ihr Leid breiten sie vor ihm aus.
Und viele, die zu ihm gekommen sind, werden heil an Leib und Seele.

Fünf Brote und zwei Fische …

Viele Stunden sind darüber vergangen. Es ist Abend geworden. Bald bricht die Nacht herein.
Da kommen die Jünger; sie bitten Jesus zur Seite:

Einige Jünger zu Jesus bewegen.

»Jesus, es ist schon spät geworden. Schau dich um, in dieser wüsten und öden Gegend gibt es nichts zu essen. Lass es genug sein. Schicke die Menschen fort. Lass sie in die Dörfer gehen, damit sie sich dort zu Essen kaufen.«
Jesus sieht die Menschen. Sie sind zur Ruhe gekommen an diesem Abend.
»Sollen wir sie jetzt sich selbst überlassen? Es ist nicht nötig, sie jetzt wegzuschicken. Gebt ihr ihnen zu essen!«
Die Jünger schauen sich an. Sie schütteln den Kopf:
»Wie soll das gehen, es sind so viele Menschen? Wir haben gerade noch fünf Brote und zwei Fische.«

Jesus fordert sie auf: »Fünf Brote und zwei Fische, das, was ihr habt, bringt es her zu mir.«
Auf das rechte Ende des hellen Tuches werden nun das Brot aus dem Friedenskreuz und vier weitere Brote und zwei Fische gelegt. Die Jünger werden dazugestellt.

… und alle werden satt

Er wendet sich zu den vielen Menschen: »Es ist spät, und ihr werdet hungrig sein. Setzt euch, da ist Gras, wo ihr lagern könnt.«
Und auf einmal sieht es mitten in dieser öden Gegend aus, wie bei einer großen Tischgemeinschaft. Jesus ist der Gastgeber.

Ein grünes Tuch wird rechteckig an das gelbe Tuch angelegt, so dass es einen Teil überdeckt, das grüne Gras. Darauf wird ein kleines weißes Tuch gelegt, es bildet einen großen Tisch, an dem alle Platz finden. Es weist auf die Tischgemeinschaft im Reich Gottes. Um das weiße Tuch die Menschen stellen.

Jesus nimmt die Brote und schaut zum Himmel auf: »Danke, Vater, für das Brot, du schenkst, was wir zum Leben brauchen.«
Und er bricht das Brot und reicht es an die Jünger weiter.

Das Brot und die Fische auf das weiße Tuch legen. Die Jünger zu der Menschenmenge stellen.

Die Jünger gehen zu den einzelnen Gruppen, die dort im Gras lagern. Sie geben weiter, was sie von Jesus empfangen haben.
An diesem Abend werden alle Menschen satt, die zu Jesus gekommen sind. Mehr als Fünftausend sind es gewesen. Es ist Brot in Fülle da. Soviel Brot, dass sie die Überreste aufsammeln. Zwölf große Tragekörbe voll.

Zwölf Körbe, aus Tonpapier ausgeschnitten, werden am Ende der Geschichte in Kreisform auf das grüne Tuch gelegt.

Und als die Menschen in ihre Dörfer zurückkehren, sind sie erfüllt von der Gemeinschaft mit Jesus, und sie sind gesättigt von dem Brot, das ihnen die Jünger weitergegeben haben.

Alle Figuren werden weggenommen. Es bleibt das Bild des gedeckten Tisches mit den Broten und die Körbe.

Bilder, Text und Gestaltungsideen aus: Buch/CD »Jesusgeschichten mit dem Friedenskreuz« © KONTAKTE Musikverlag, 59557 Lippstadt.

M 2

Gebärdengebet

Danke, Jesus, für das Brot! Amen.

Danke

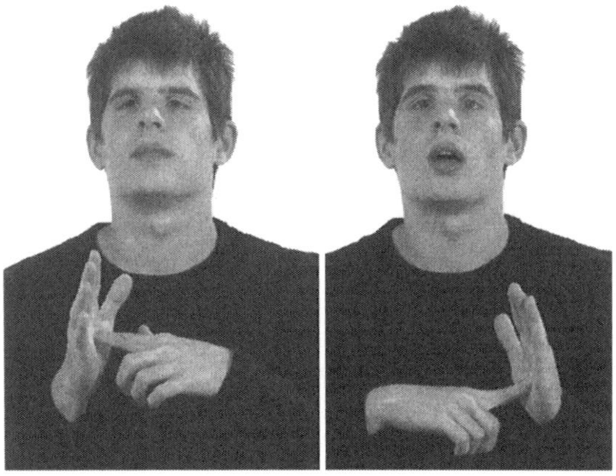

Jesus

Brot

Amen

Entnommen aus: »Schau doch meine Hände an«. Gebärdensammlung zur Kommunikation mit nichtsprechenden Menschen, Diakonie Verlag, Herausgeber: Bundesverband evangelische Behindertenhilfe e.V. Mit freundlicher Genehmigung von: Bundesverband evangelische Behindertenhilfe e.V., www.beb-ev.de

M 3

Gebetswürfel

Lieber Gott,
der Tisch ist
gedeckt,
danke für alles, was
uns jetzt schmeckt.
Amen.

Was wir haben,
kommt von dir,
Gott, wir danken dir
dafür.
Amen.

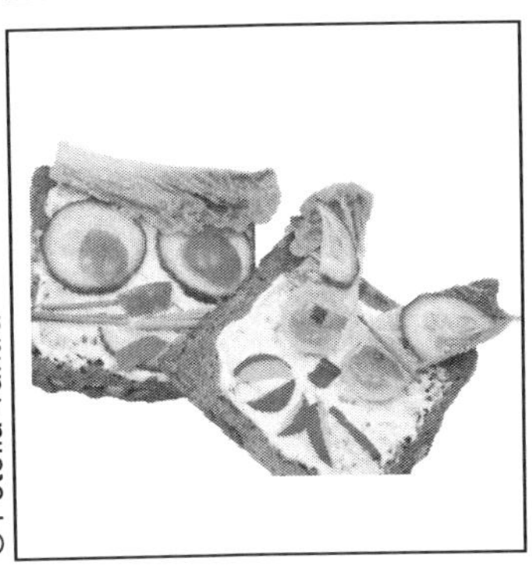

© Fotolia-Yantra

© Dmitry Melnikov / shutterstock.com

Schneide den Würfel, die Texte und die Bilder aus. Klebe die Texte und Bilder auf den Würfel. Falte den Würfel und klebe ihn zusammen.

M 4

Psalmworte der Sehnsucht

**Ich rufe den ganzen Tag –
gib mir Antwort, Gott!**
(nach Psalm 22,3)

**Höre mein Schreien,
mein Herz ist voller Angst.**
(nach Psalm 61,2–3)

**Bitte, Gott, bleib nicht ferne,
du kannst mich stark machen!**
(nach Psalm 22,20)

**Aus der Tiefe rufe ich zu dir,
Gott, hilf mir!**
(nach Psalm 130,1)

**Du hast die Menschen lieb,
bitte denk' auch an mich.**
(nach Psalm 106,4)

M 5

Text- und Bilderpuzzle

Anleitung: Das Puzzle kann als Text- oder Bilderpuzzle gespielt werden.
Die Vorlage wird vergrößert und laminiert.
Für das **Textpuzzle** werden die einzelnen Sätze zusammen mit dem Lösungsbuchstaben ausgeschnitten und gemischt. Die Kinder bringen die Sätze in die richtige Reihenfolge und erhalten das Lösungswort: »Brot des Lebens«.
Für das **Bilderpuzzle** werden die einzelnen Bilder mit jeweils drei oder zwei zugehörigen Lösungsbuchstaben ausgeschnitten und gemischt. Die Kinder bringen die Bilder in die richtige Reihenfolge und erhalten das Lösungswort: »Brot des Lebens«.

Viele Menschen warten am Ufer auf Jesus.	**B**
Jesus kommt mit dem Boot ans Land.	**R**
Seine Jünger sind bei ihm.	**O**
Jesus spricht zu den Menschen.	**T**
Er erzählt ihnen von Gottes Reich.	**D**
Es wird Abend und alle haben Hunger.	**E**
Die Jünger wollen die Leute nach Hause schicken.	**S**
Jesus sagt: „Gebt ihnen zu essen."	**L**
Es gibt nur fünf Brote und zwei Fische.	**E**
Jesus teilt das Brot und die Fische aus.	**B**
Alle essen und werden satt.	**E**
Es bleibt sogar noch etwas übrig.	**N**
Die Menschen loben Gott.	**S**

B
R

L
E

O
T

B
E

D
E
S

N
S

M 6

Erzählvorschlag mit Schattenspiel: Die gekrümmte Frau

Anleitung: Die Figuren vergrößert auf Karton oder auf eine Overhead-Folie kopieren und ausschneiden. Zum Spiel den Text sprechen (oder von einem Schüler / einer Schülerin lesen lassen) und die Figuren wie in der Regieanweisung angegeben auf den Overhead-Projektor legen.

Text	Regieanweisung: Schattenspiel
Einmal sprach Jesus am Sabbat in der Synagoge. Viele hörten ihm zu.	*Synagoge auf den Projektor legen, Jesusfigur hineinstellen.* *Gruppe der Zuhörer dazulegen.*
Da war auch eine Frau. Sie hörte Jesus zu. Die Frau war schon lange krank: 18 Jahre. Sie war verkrümmt und konnte sich nicht mehr aufrichten.	*Die gekrümmte Frau an den Rand der Synagoge legen.*
Sie musste immer auf den Boden schauen. Sie konnte niemanden ansehen.	
Jesus sah die Frau. Und er rief sie zu sich: »Komm!«	*Jesus geht zu der Frau.*
Er legte ihr die Hände auf und sagte: »Du sollst deine Krankheit los sein!«	*Jesus nahe an die Frau legen.*
Jetzt konnte sie sich wieder aufrichten. Sie sah Jesus an. Und lobte Gott!	*Gekrümmte Figur wegnehmen, aufgerichtete, jubelnde Frau hinlegen.*
Vielen freuten sich mit ihr und sangen Loblieder.	*Die Zuhörer vom Anfang in lobender Haltung.*
Einige aber sagten: »Warum tut Jesus das am Sabbat?« Das waren Pharisäer. Sie dachten: Am Sabbat darf man nicht arbeiten.	*Pharisäer dazulegen, mit Abstand zu Jesus.*
Jesus sagte zu ihnen: »Ich helfe den Menschen, wenn sie mich brauchen. Auch am Sabbat.«	*Jesus etwas näher an die Pharisäer heranlegen.*

Menschenmenge jubelnd

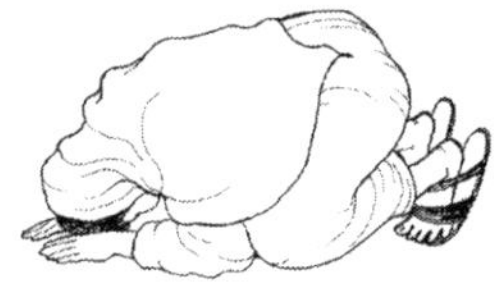

gekrümmte Frau

gekrümmte Frau geheilt

Jesus

Menschenmenge am Anfang

Pharisäer

Bilder der Figuren aus: Pauline Adams, Mal dir die Bibel © 2005 SCM-Verlag GmbH & Co. KG, Witten.

M 7

Puzzlebild: Die gekrümmte Frau

Anleitung: Das Bild kopieren und von Schülern farbig gestalten lassen. Dann die Vorlage laminieren und in Puzzleteile zerschneiden. Die Schüler legen die Teile zusammen, sodass das Bild entsteht. Auf die Rückseite kann zusätzlich der Text der Geschichte kopiert werden. Dann kann das Puzzle als Bild- oder Textpuzzle gespielt werden.

M 8 Bild und Arbeitsblatt: Die gekrümmte Frau

Was denkt die Frau, bevor Jesus sie sieht?

Was sagt die Frau, nachdem Jesus sie aufgerichtet hat?

Was denken die Leute auf der linken Seite über Jesus und die Frau?

Was denken die Leute auf der rechten Seite über Jesus und die Frau?

1. Schau dir zunächst das obere Bild an. Schreibe die Gefühle und Gedanken der Frau in die linke Spalte. Du kannst dazu auch die Körperhaltung der Frau ausprobieren und für sie sprechen.
2. Bearbeite nun das mittlere Bild so, dass die Frau aufgerichtet ist. Du darfst dafür zum Beispiel Deckweiß und Farbstifte benutzen. Schreibe dann in die rechte Spalte, was die Frau denkt oder sagt.
3. Schau dir jetzt das untere Bild an. Überlege mit anderen: Was denken die Leute auf der linken und der rechten Seite? Was sagen sie? Sprecht für die Leute und schreibt die Ergebnisse neben das Bild.

Nach einer Idee von Susanne von Braunmühl: Kopf hoch? Die Heilung der gekrümmten Frau. In: Grundschule Religion 7/2004 S. 20. Bild: Buchmalerei aus dem Evangeliar Ottos III.; Bayerische Staatsbibliothek München, Clm 4453, fol. 175 v, untere Hälfte.

M 9

»wußten sie schon«
Auszug aus einem Gedicht von Wilhelm Willms

wußten sie schon
daß die nähe eines menschen
gesund machen
krank machen
tot und lebendig machen kann
wußten sie schon
daß die nähe eines menschen
gut machen
böse machen
traurig und froh machen kann
[...]
wußten sie schon
daß die stimme eines menschen
einen anderen menschen
wieder aufhorchen läßt
der für alles taub war
wußten sie schon
daß das wort
oder das tun eines menschen
wieder sehend machen kann
einen
der für alles blind war
der nichts mehr sah
der keinen sinn mehr sah in dieser welt
und in seinem leben
[...]
wußten sie schon
daß tun mehr ist als reden
wußten sie das alles schon
[...]

Hinweis: In diesem Gedicht sind alle Wörter klein geschrieben. Die Schreibweise mancher Wörter entspricht der alten Rechtschreibung!

Auszug aus: Wilhelm Willms, wußten sie schon. aus: ders., der geerdete himmel © 1974 Butzon & Bercker GmbH, Kevelaer, 7. Aufl. 1986, 5.5, www.bube.de

2.2 Gleichnisse – Grund- und Sekundarstufe I

2.2.1 Grundstufe: Das Gleichnis vom Senfkorn

Die Lehrkraft präsentiert die Geschichte nach dem Konzept von Godly Play: Das Gleichnis vom Senfsamen. In: Berryman, Jerome W., Godly Play. Weihnachtsfestkreis und Gleichnisse, Leipzig 2006, S. 128–133. Zur Vertiefung und ganzheitlichen Erfahrung kann eine Körper-Meditation angeboten werden.

M 1: Körpermeditation: Wachsen

Zugänge mit basalem Schwerpunkt

- ☐ Die Schülerinnen und Schüler liegen auf dem Boden und nehmen ihre Umgebung wahr. Dann richten sie sich auf oder werden mit behutsamer Unterstützung in eine aufrechte Position gebracht. Sie erleben das Wachsen und Größerwerden am eigenen Leib und nehmen unterschiedliche Sinnesreize aus der Umgebung wahr. Sie hören die Geschichte in leichter Sprache.
- ☐ Die Schülerinnen und Schüler machen Erfahrungen mit einem Samenkorn (Senf oder Kresse). Mehrere Körner liegen verdeckt in einer Schale, die Schülerinnen und Schüler ertasten die Körner und versuchen – evtl. mit Hilfe – eines herauszunehmen. Sie nehmen das Korn in die Hand, fühlen und spüren seine Form und Härte. Sie kosten vorsichtig das Korn. Eine (Senf- oder Kresse-)Pflanze wird zu dem Korn gestellt, der Unterschied wird durch Anschauen, Tasten und Riechen (evtl. Kosten) wahrgenommen. Die Kinder hören die Geschichte in leichter Sprache.
- ☐ Die Lehrkraft baut mit Decken und Kissen weiche und warme Nester der Geborgenheit an verschiedenen Stellen im Klassenraum auf. Dort lagern die Kinder wie in einem Nest und hören die Geschichte und/oder angenehme, entspannende Musik. Sie hören die Geschichte in leichter Sprache.
- ☐ Die Schülerinnen und Schüler liegen unter einem Baum, hören Vogelgesang und spüren das Streicheln von Vogelfedern auf ihrer Haut. Die Geschichte wird in leichter Sprache erzählt.

Zugänge mit konkret-handelndem Schwerpunkt

- ☐ Die Schülerinnen und Schüler säen (Senf-)samen in kleine Töpfe, pflegen ihre Sämlinge und dokumentieren das Wachstum durch Tagebücher, Fotos oder gemalte Bilder. Sie können auch das Wachstum messen.
  Hinweis: Schneller und sicherer als Senfsamen wächst Kresse.
- ☐ Die Schülerinnen und Schüler erhalten Luftballons. Einige werden aufgeblasen. Die Kinder merken, wieviel Energie das kostet. Sie vergleichen die Größe mit einem noch nicht aufgeblasenen Ballon. Werden Ballons gewählt, die aufgeblasen bestimmte Formen haben (Herzen, Tiere …), wird der Unterschied noch deutlicher: Wir wissen nicht genau, wie groß etwas Kleines werden kann und welche Gestalt es annehmen wird. Das kann auch für unser Leben und für Gottes Reich gelten.
- ☐ Die Kinder essen miteinander Popcorn und vergleichen die gepoppten Körner mit den harten Maiskörnern. Sie entdecken Gemeinsamkeiten mit der Geschichte vom Senfkorn.
- ☐ Die Kinder erhalten Tücher und anderes Material, damit bauen sie kleine Nester im Klassenraum und legen etwas Schönes hinein (z.B. einen glänzenden Stein,

eine Muschel oder auch ein Samenkorn). Andere Kinder suchen die Nester und bringen die gefundenen Schätze in die Mitte.

- ☐ Die Kinder basteln Papiervögel und suchen im Klassenraum ›Nester‹ für sie.
  → Faltanleitung z.B. unter http://www.basteln-gestalten.de/taube-basteln

Zugänge mit anschaulichem Schwerpunkt

- ☐ Die Schülerinnen und Schüler betrachten Bilder von Senfkörnern und Senfbäumen und malen das Gleichnis in die Bilder hinein.
  M 2: Arbeitsblatt: So ist Gottes Reich
- ☐ Die Schülerinnen und Schüler bringen Fotos von sich mit aus verschiedenen Lebensphasen (z.B. Geburt, Säugling, 1–3 Jahre, Kita-Zeit, bis zur Schule). Sie zeigen die Bilder den anderen Kindern, vergleichen und ordnen sie unter der Überschrift: Ich werde immer größer … Sie malen ein Zukunftsbild dazu: Was/wie ich einmal werden möchte.
- ☐ Die Schülerinnen und Schüler malen Szenen der Geschichte als ein Streichholzschachtel-Bild. Dazu wird ein Papierstreifen so gefaltet, dass er in eine Streichholzschachtel passt. Die einzelnen Bilder werden bemalt und zusammengefaltet. Die unterste Seite bleibt leer, sie wird in die Schachtel geklebt. Wenn später die Schachtel geöffnet wird, kann sich das Bild vom kleinen Anfang an »entfalten«.
- ☐ Die Schülerinnen und Schüler lernen das Lied »Alles muss klein beginnen« (von Gerhard Schöne) und machen die entsprechenden Bewegungen dazu.
  Das Lied findet sich z.B. im Liederbuch »Menschenskinderlieder« (Nr. 155).

Zugänge mit kognitiv-abstraktem Schwerpunkt

- ☐ Die Kinder lesen die Geschichte vom Blühen und überlegen: Was braucht die Blume, damit sie blühen kann? Sie schreiben eigene Geschichten zum Thema.
  M 3: Geschichte vom Blühen
- ☐ Die Schülerinnen und Schüler denken darüber nach, was sie seit ihrer Geburt alles gelernt haben und wie sie gewachsen sind. Sie reflektieren »klein sein – groß werden« am Beispiel der eigenen Lebenserfahrung.
- ☐ Die Schülerinnen und Schüler führen ein theologisches Gespräch zu dem Impuls: Jesus erzählt: »Das Reich Gottes bei den Menschen fängt ganz klein an …« Können wir Spuren davon heute bei uns entdecken?
- ☐ Die Schülerinnen und Schüler erhalten den Text zu Psalm 1 und zum Gleichnis in einfacher Sprache (**M 4**). Sie bilden kleine Gruppen, lesen die Texte und malen Bilder dazu. Sie bearbeiten das Arbeitsblatt.
  M 4: Gott vertrauen
- ☐ Die Schülerinnen und Schüler schreiben ein Elfchen oder ein anderes Gedicht zur Geschichte. Begriffe, die helfen können, sind z.B.: klein, groß, verborgen, Baum, Vögel, Nester, staunen …
- ☐ Die Kinder probieren aus, wie aus etwas Kleinem etwas Großes wird. Sie bilden Bandwurmsätze (ein Kind beginnt mit einem Wort und schreibt dies auf eine Karte, jedes Kind fügt ein Wort hinzu, gemeinsam versuchen sie, den Satz so lang wie möglich werden zu lassen).
  Alternative: Bandwurmgeschichten (ein Kind beginnt mit einem Satz …).

Kooperative Angebote

- ☐ Die Schülerinnen und Schüler bilden heterogene Gruppen und überlegen gemeinsam: Wie können wir den Arbeitsauftrag so ausführen, dass alle beteiligt sind? Was kann ich, was kannst du, was kann er/sie zur Lösung der Aufgabe beitragen? Dann arbeiten sie gemeinsam.
- ☐ Die Schülerinnen und Schüler erstellen eine Dokumentation zum Wachstum. Sie säen Körner ein, pflegen sie und halten die Ergebnisse in einer Fotodokumentation fest.
  Sie kleben die Ergebnisse in eine Tabelle auf einem Plakat (vgl. **M 5**) und überlegen gemeinsam, was in der rechten Spalte stehen könnte. Dazu basteln sie Regentropfen und Sonnenstrahlen und schreiben entsprechende Worte hinein. Sie kleben die Tropfen und Strahlen auf das Plakat. Sie überlegen anschließend, wann Pflanzen verdorren, kleben passende Fotos auf und schreiben in die rechte Spalte die Begriffe dazu.
  Als Zweites denken sie darüber nach, was das Reich Gottes wachsen lässt, und schreiben dies ebenfalls in Regentropfen und Sonnenstrahlen hinein (z.B. Freundschaft, auf andere achten, Ehrlichkeit, Hilfsbereitschaft …). In die linke Spalte kleben sie passende Fotos dazu. Anschließend überlegen sie: Was hindert das Reich Gottes am Wachstum? (Einsamkeit, Schadenfreude, Hass, Egoismus …) Sie kleben wiederum Fotos in die linke und schreiben Begriffe in die rechte Spalte.
  M 5: Entwürfe für Plakate zum Wachstum
- ☐ Die Schülerinnen und Schüler gestalten einen Hoffnungsbaum: Ein großer trockener Ast wird in einen Eimer mit Sand gesteckt und standfest befestigt. Die Schülerinnen und Schüler schneiden Blüten und Blätter aus, schreiben und malen darauf Wünsche und Hoffnungen. (Ich wünsche mir, … ich wünsche dir, … wir hoffen, dass …). Sie schenken einander ihre Wünsche und hängen sie gemeinsam an den Baum. Sie basteln Nester und Vögel und hängen sie an den Baum. So wird aus dem toten Holz ein bunter Baum der Hoffnung. In den Sandeimer können die Kinder kleine Töpfe mit Samen (z.B. Weizenkörner) stellen, diese gießen und wachsen lassen.
  Ergänzung: Auf die Blüten und Blätter können auch Bilder, Zeitungsausschnitte und Infos zu Projekten geklebt werden, die Hoffnung machen.
- ☐ Die Schülerinnen und Schüler singen miteinander das Lied: »Das Himmelreich beginnt sehr klein« (von Josef Schwaller) oder »Wo ist Gottes Reich?« (Petra Freudenberger-Lötz, in: Spuren lesen. Lehrermaterialien für das 1./2. Schuljahr, Stuttgart 2010, S. 245.) und erarbeiten eine kleine Aufführung dazu: Gebärden einüben, kleine Szenen spielen, Bilder malen und ausstellen.

2.2.2 Sekundarstufe I: Die Parabel vom barmherzigen Vater

Präsentation

Die Lehrkraft erzählt die Parabel vom barmherzigen Vater mit Hilfe von Fußspuren. Dafür werden für die einzelnen Personen jeweils zwei Fußspuren in unterschiedlichen Farben ausgeschnitten und zu jeder Szene der Geschichte entsprechend der Vorlage (siehe **M 6**) auf den Boden gelegt (oder an einer Magnettafel befestigt). Durch die unterschiedliche Stellung und den Abstand der Füße zueinander lassen sich die jeweiligen Beziehungen erkennbar und nachvollziehbar machen.
Zur Weiterarbeit erhalten die Schülerinnen und Schüler kleine Fußspuren in verschiedenen Farben und ein entsprechend vorbereitetes Arbeitsblatt, auf dem der Text der Geschichte steht (vgl. **M 6**). Sie schneiden den Text aus und kleben die Spuren passend zum Text in ihr Heft. Zur Differenzierung kann von der Vorlage (**M 6**) auch der Text entfernt werden. Dann malen oder schreiben die Schülerinnen und Schüler die Geschichte entsprechend der Fußspuren. Werden Text und Spuren vergrößert und auf Karton geklebt, können auch feinmotorisch eingeschränkte Personen damit hantieren.
In einem weiteren Schritt der Aneignung stellen die Schülerinnen und Schüler die Szenen entsprechend der Fußspuren auf dem Arbeitsblatt in Standbildern nach. Sie erleben und spüren so Nähe und Distanz, Entfernung, Einsamkeit und Vergebung. Dies geschieht zunächst ohne Worte. Bei jedem Standbild werden die Stehenden jedoch nach ihren Gefühlen und ihrem Befinden gefragt.

- ➢ **M 6**: Parabel vom barmherzigen Vater
- ➢ Fußspuren zum Ausschneiden aus farbigem Karton finden sich z.B. in: AHR-i. Bibel – Welt und Verantwortung, M 14, S. 117.
- ➢ Verschiedenfarbige Fußspuren für das Heft lassen sich mit einem Motivlocher leicht herstellen.

Zugänge mit basalem Schwerpunkt

- ☐ Die Schülerinnen und Schüler machen Erfahrungen, wie es ist, verloren zu gehen. Sie verstecken sich mit Hilfe der Lehrkraft im Klassenraum oder bei einem Unterrichtsgang auch außerhalb der Klasse so, dass sie für andere nicht mehr zu sehen sind und auch selbst niemanden mehr sehen können. Sie bleiben dort (evtl. mit einer Begleitperson – Helfer/in oder Mitschüler/in), während die anderen sie suchen oder bis sie selber wieder zurückkehren wollen. Das »Gefundenwerden« und »Zurückkehren« wird mit einer ausgiebigen Begrüßung (»NN, schön, dass du wieder da bist!«), einem Lied und einer kleinen Feier zelebriert. Dazu kann die Geschichte erzählt oder gespielt werden.
- ☐ Die Schülerinnen und Schüler essen und trinken miteinander leckere Kleinigkeiten (Kekse, Obst) und trinken süße Säfte. Dazu sitzen oder liegen sie auf weichen Kissen und hören schöne Musik. Die Lehrkraft erzählt die Geschichte bis: »Alle kamen gern«. Nun wird die Musik ausgestellt, nach und nach die Kissen und die Leckereien weggenommen, Knäckebrot und Wasser gereicht und vielleicht auch das Fenster geöffnet, sodass es kalt wird. Es sollte eine unangenehme Atmosphäre entstehen, die deutlich im Gegensatz zu der ersten Phase steht. Die Geschichte wird weitererzählt bis: »Ich will zurückgehen und dort als Knecht arbeiten«. Gemeinsam wird überlegt: Wie geht es dem Sohn jetzt? Was kann, soll jetzt geschehen? Die Geschichte wird zu Ende erzählt, die Leckereien zurückgeholt, alle feiern wieder miteinander.
  M 6: Parabel vom barmherzigen Vater

☐ Ein Schüler / eine Schülerin wird von anderen schön geschmückt. Dazu sitzt er/sie in der Kreismitte auf einem Stuhl, der mit einem Tuch bedeckt ist. Die Mitschüler überlegen: Womit können wir ihn/sie schmücken? Nacheinander bringen sie schöne Dinge: eine Kette, ein schönes Tuch, kleine Geschenke und vor allem: Sie sagen dem Mitschüler gute Worte und Wünsche. Ein Lied wird gesungen.
Die Schülerin / der Schüler darf erzählen und zeigen, wie es ihm/ihr geht. Die anderen sprechen darüber, wie es ist, im Mittelpunkt zu stehen und auch darüber, wie es einem geht, wenn man nicht beachtet wird.

Zugänge mit konkret-handelndem Schwerpunkt

☐ Am Ende der Stunde werden die Schülerinnen und Schüler besonders verabschiedet und am Beginn der nächsten Stunde freudig und herzlich begrüßt. Sie erproben unterschiedliche Abschieds- und Begrüßungsformen: Handschlag, Verbeugung, Umarmung usw. und dokumentieren diese durch Fotos. Sie formulieren unterschiedliche Begrüßungs- und Abschiedsworte und ordnen sie den Bildern zu. Sie beschreiben, welche Art der Begrüßung gefällt mir, welche ist vielleicht unangenehm. Von wem möchte ich gerne begrüßt werden, von wem nicht (warum?) Wen möchte ich gerne wie begrüßen? (Freunde, Fremde, Eltern, Unterrichtende, Popstars …)

☐ Die Schülerinnen und Schüler begehen ein Labyrinth. Dies kann auf dem Schulhof mit Kreide auf den Boden gezeichnet werden oder im Klassenzimmer bzw. in der Aula mit Seilen ausgelegt werden. Miteinander wird die Erfahrung besprochen: Wenn man die Mitte und den richtigen Ausweg finden will, muss man: Umwege gehen, umkehren, von vorn beginnen …
Die Schülerinnen und Schüler legen Bilder der Geschichte (**M 7**) an entsprechende Stellen des Labyrinths.
Alternativen: In der Klasse kann auch mit Stühlen und Tischen ein Irrgarten errichtet werden und die Schülerinnen und Schüler versuchen nacheinander oder als Paar, den richtigen Weg zu finden. Die Schülerinnen und Schüler erhalten Zeichnungen von Labyrinthen und suchen den Weg mit einem Stift (z.B. unter: www.labyrinthe.at/labyrinth-grafiken.php).
M 7: Bildergeschichte: Vom barmherzigen Vater

☐ Wo ist mein Klang im Raum: Vier Schüler setzen sich mit verschiedenen Instrumenten an unterschiedliche Orte im Raum. Sie spielen zuerst nacheinander und dann zusammen ihr Instrument. Die übrigen Kinder versuchen, jeweils ein bestimmtes Instrument herauszuhören, und gehen dann darauf zu.

Zugänge mit anschaulichem Schwerpunkt

☐ Die Schülerinnen und Schüler überlegen anhand der Geschichte, welche Rollen darin vorkommen und spielen die Geschichte nach. Dabei soll jede gewählte Rolle von einer Person übernommen werden und diese soll während des Spiels zu Wort kommen. Mögliche Rollen sind: Vater, Sohn, Diener, zweiter Sohn, auch Mutter und Schwestern; aber auch Freunde, Landwirt, Schweine; ebenfalls möglich: der Weg, das Wetter, … Die Kreativität der Schülerinnen und Schüler sollte gefördert und zugelassen werden.

☐ Die Schülerinnen und Schüler erstellen arbeitsteilig in kleinen Gruppen eine Collage aus Stoff und Naturmaterialien zu folgenden Szenen der Geschichte:
- Zu Hause
- Auf dem Weg in die Fremde

- ➢ Unter falschen Freunden – beim Schweinehüten
- ➢ Auf dem Rückweg
- ➢ Beim Vater angekommen
- ➢ Das Fest zu Hause

☐ Die Schülerinnen und Schüler erhalten die Radierung von Rembrandt (**M 9**) und sprechen über das Bild.
- Sie geben den Personen Farbe – welche Farbe passt zu wem und warum?
- Sie geben den Personen Sprache: Sie schreiben in Sprechblasen: Was sagen die Menschen?
- Sie überlegen: Was fehlt noch auf dem Bild? Sie malen es dazu.
- Sie überlegen: Was war vorher – was nachher? Sie malen eine Bildfolge.
- Sie überlegen: Möchte ich gerne auf dem Bild sein? Dann malen sie sich dazu.

M 8: Anleitung zur Bildbetrachtung: Ein Bild wahrnehmen (kann hinzugezogen werden).

M 9: Rembrandt: Der verlorene Sohn, Radierung, 1636.

☐ Die Schülerinnen und Schüler bereiten ein Rollenspiel in zwei Szenen vor: Die beiden Söhne unterhalten sich
- ➢ vor dem Weggehen des jüngeren Sohnes (am Beginn der Geschichte),
- ➢ nach seiner Rückkehr am Tag nach dem Fest (am Ende der Geschichte).

Zugänge mit kognitiv-abstraktem Schwerpunkt

☐ Text-Puzzle: Der Text der Geschichte wird in einzelne Sätze zerteilt und ausgeschnitten (**M 6** kann dafür ggf. verwendet werden). Die Schülerinnen und Schüler legen die Sätze in der richtigen Reihenfolge zusammen. Differenzierungen:
- ➢ Einzelne Textblöcke anbieten.
- ➢ Den Anfang des nächsten Satzes am vorigen dranlassen.
- ➢ Die ganzen Sätze anbieten.
- ➢ Nur die Satzanfänge hinlegen und schriftlich ergänzen lassen.

Danach markieren die Schülerinnen und Schüler mit Farbstiften die wichtigsten Wörter der Geschichte, schreiben sie auf Stichwortkarten und erzählen die Geschichte anderen mit Hilfe der Stichworte.

☐ Die Schülerinnen und Schüler erhalten den Text des Gleichnisses vom verlorenen Schaf (Lukas 15,3–7) und unterteilen ihn in Szenen. Diesen ordnen sie Szenen aus der Geschichte vom barmherzigen Vater zu.

☐ Die Schülerinnen und Schüler bereiten ein Fest zur Rückkehr des Sohnes vor und schreiben eine Rede des Vaters, die er auf diesem Fest hält.

☐ Die Schülerinnen und Schüler erfahren: Die Geschichte vom barmherzigen Vater hat verschiedene Überschriften bekommen. So heißt sie auch:
- ➢ Geschichte vom verlorenen Sohn
- ➢ Gleichnis von den beiden Söhnen
- ➢ Die Freude des Vaters
- ➢ Geschichte von der Rückkehr
- ➢ Das Versprechen der Hoffnung

Welche Überschrift haltet ihr für treffend? Warum? Welche Überschrift möchtet ihr der Geschichte noch geben?

☐ Die Schülerinnen und Schüler betrachten das Rembrandt-Bild und erzählen die Geschichte aus der Perspektive einer der Zuschauer auf dem Bild.

M 9: Rembrandt: Der verlorene Sohn, Radierung

Kooperative Angebote

- ☐ Die Schülerinnen und Schüler bilden heterogene Gruppen und überlegen gemeinsam: Wie können wir den Arbeitsauftrag so ausführen, dass alle beteiligt sind? Was kann ich, was kannst du, was kann er/sie zu dem Ergebnis beitragen? Dann arbeiten sie gemeinsam.
- ☐ Die Schülerinnen und Schüler übertragen die Szenen der Geschichte in die heutige Zeit und stellen sie nach. Sie fotografieren die einzelnen Szenen. Dann machen sie eine Fotostory daraus. Sie kopieren die wichtigsten Sätze der Geschichte mit einem Bildbearbeitungsprogramm in die Bilder. Bei einem Elternabend oder beim Schulfest präsentieren sie ihr Ergebnis (per Beamer). Sie können auch ein Fotobuch für die Klassenbibliothek daraus erstellen.
- ☐ Die Schülerinnen und Schüler erhalten das Bild von Rembrandt und betrachten es nach der Anleitung (**M 8**).
  - ➢ Dann stellen sie das Bild nach. Dazu überlegen sie:
    - – Welche Requisiten brauchen wir (Tücher, Umhänge, Hüte ...)?
    - – Wo ist der beste Platz, an dem wir uns aufstellen können (in der Klasse, auf dem Flur ...)?
    - – Welche Personen kommen in dem Bild vor – wer soll diese Personen darstellen?
  - ➢ Nun beginnt die Aufstellung:
    1. Ein Regisseur stellt mit einem oder zwei Assistenten die Szene möglichst genau nach.
    2. Die Schüler, die nicht im »Bild« sind, werden zu Museumsbesuchern. Sie schauen sich das »Bild« an und unterhalten sich darüber: Was gefällt uns, was finden wir gelungen, was nicht so gut.
    3. Nun wird das »Bild« lebendig: Die Figuren des »Bildes« sprechen miteinander, die Besucher dürfen sie befragen.
    4. Nun verändern die Figuren des »Bildes« ihre Haltung: So würde ich lieber in dem »Bild« vorkommen – die Zuschauer kommentieren.
    5. Zuletzt dürfen die Zuschauer die Figuren verändern und sich am Schluss auch selbst in das »Bild« stellen.

  Wenn möglich, werden die unterschiedlichen Ergebnisse jeweils auf einem Foto festgehalten.

  M 8: Anleitung zur Bildbetrachtung: Ein Bild wahrnehmen

  M 9: Rembrandt, Der verlorene Sohn, Radierung, 1636. Für diese Aufgabe eignet sich noch besser das Ölbild: Rembrandt Harmenszoon van Rijn: Die Heimkehr des verlorenen Sohnes, um 1666/1669, St. Petersburg, Eremitage
- ☐ Die Schülerinnen und Schüler lernen ein Gebet kennen. Sie lesen es gemeinsam und tauschen sich darüber aus, ob sie selber Situationen kennen, die das Gebet beschreibt. Sie kleben den Text auf ein Plakat und geben ihm einen Rahmen. Auf der linken Seite des Plakates schreiben und gestalten sie Szenen und kurze Sätze aus der Geschichte vom barmherzigen Vater – das Gebet wird als Text des Sohnes verstanden. Sodann schreiben oder gestalten sie auf der rechten Seite entsprechende Situationen aus ihrem eigenen Leben, ihren eigenen Lebenserfahrungen (dies kann auch anonym geschehen).

  M 10: Ein Gebet

M 1

Körpermeditation: Wachsen

Die Kinder sitzen am Tisch und legen den Kopf auf die Arme oder liegen entspannt auf dem Boden. Die Lehrkraft legt ein leichtes, möglichst braunes Tuch über jedes Kind (soweit die Kinder es zulassen). Eine Klangschale erklingt, die Kinder schließen die Augen (freiwillig). Die Lehrkraft spricht mit leiser Stimme und vielen Pausen den folgenden Text:

Ich bin ein kleines Senfkorn und liege in der Erde.
Ich fühle mich sicher und geborgen.
Die Sonne scheint auf die Erde und wärmt mich.
In mir beginnt es, sich zu regen, die Schale wird mir zu eng.
Die Kinder bewegen sich. Kopf heben; Arme ausbreiten.

Ich spüre, wie meine Schale aufbricht,
wie sich kleine Wurzeln bilden und sich in der Erde verankern.
Ich wende mich der warmen Sonne zu.
Langsam strebe ich dem Licht der Sonne zu und durchbreche die warme Erde.
Die Kinder stehen auf und suchen einen festen Stand, sie strecken die Arme nach oben.

Ich wachse und wachse und werde größer und größer.
Aus mir wird erst ein kleiner, dann ein großer Baum.
Mir wachsen starke Äste und viele Blätter.
Die Kinder strecken die Arme zur Seite und nach oben, sie öffnen die Hände.

Ich habe tiefe Wurzeln, die mich fest in der Erde halten.
Die Kinder stehen fest mit den Füßen auf dem Boden.

Meine Äste wiegen sich im Wind.
Die Kinder stehen fest auf dem Boden und wiegen sich im Wind.

Die Klangschale erklingt wieder. Die Kinder öffnen die Augen und schauen sich um. Recken und Strecken hilft beim ›Zurückkommen‹.

Sie malen ein Bild zu dem, was sie in der Phantasie erlebt haben, und zeigen sich gegenseitig ihre Bilder.

M 2

So ist Gottes Reich

Jesus erzählt:

»Ein Mensch sät einen kleinen Samen aus.
Er wächst und wird immer größer.

Er wird zu einer großen Pflanze.
Vögel bauen darin Nester.«

Schau dir das Bild an. Beschreibe, was du siehst. Lies den Text.
Male die Geschichte in das Bild hinein.

M 3

Eine Geschichte vom Blühen

Einmal pflanzte ein Kind ein kleines Samenkorn in die Erde.
Eine Blume wuchs aus dem Korn.
Das Kind kam jeden Tag zu der Blume. Es gab ihr Wasser und lockerte den Boden auf.
Die Blume blühte – wunderschön.

Dann kam ein mächtiger Mann vorbei. Er sah die Blume und wollte sie haben.
Aber das Kind wollte sie ihm nicht geben.
Da grub der Mann die Blume einfach aus und pflanzte sie in seinen Garten.
Ein Gärtner kam, gab ihr Wasser und lockerte den Boden auf.
Doch die Blume – sie ließ den Kopf hängen.
Keiner wusste, warum. Sie wollte sich nicht öffnen.
Alle überlegten: Was braucht die Blume?
Da dachte der Mann an das Kind. Es liebte die Blume.
Er rief das Kind zu sich.
Das Kind kam jeden Tag zu der Blume. Es gab ihr Wasser und lockerte den Boden auf.
Die Blume blühte – wunderschön.

M 4

Gott vertrauen

Gott vertrauen

Ein Psalmgebet:
Ein Mensch,
der Gott vertraut, ist glücklich.
Er gleicht einem Baum,
der am Wasser wächst.
Er trägt Früchte
und seine Blätter welken nicht.
Alles, was er tut, gelingt ihm.

nach Psalm 1

So ist Gottes Reich

Jesus erzählt:
»Ein Mensch sät einen kleinen
Samen aus.
Er wächst und wird immer größer.
Er wird zu einem Baum.
Vögel bauen darin Nester.«

nach Lukas 13,18–19

Der Baum braucht zum Wachsen ... ______________________________

____

____

Der Mensch braucht zum Wachsen ... ____________________________

____

____

Gottes Reich braucht zum Wachsen ... ___________________________

____

____

Lest die beiden Texte und vergleicht sie miteinander.
Sprecht in kleinen Gruppen über die Satzanfänge darunter und schreibt eure Gedanken auf.
Ihr könnt das Arbeitsblatt auch mit Bildern gestalten.

M 5 Entwürfe für Plakate zum Wachstum

Pflanzen brauchen zum Wachsen ...	
Bilder oder Fotos von wachsenden Pflanzen	Text auf Sonnenstrahlen und Regentropfen
Pflanzen verdorren, wenn ...	
Bilder oder Fotos von vertrockneten Pflanzen	Text

Gottes Reich kann wachsen, wenn Menschen ...	
Bilder oder Fotos von Menschen	Text auf Sonnenstrahlen und Regentropfen: z.B.: ehrlich sind, miteinander teilen …
Gottes Reich bleibt verborgen, wenn Menschen ...	
Bilder oder Fotos von Menschen	Text: z.B.: streiten, nur an sich denken …

M 6

Parabel vom barmherzigen Vater

Jesus erzählt:	
Ein Vater hatte zwei Söhne.	
Der jüngere Sohn sagte zum Vater: »Gib mir das Geld, das ich erben werde. Ich möchte weggehen.«	
Der Vater gab dem Sohn das Geld. Der Sohn ging davon.	
In der Fremde hatte er schnell viele Freunde. Er hatte Geld und lud jeden ein, mit ihm zu feiern. Alle kamen gern.	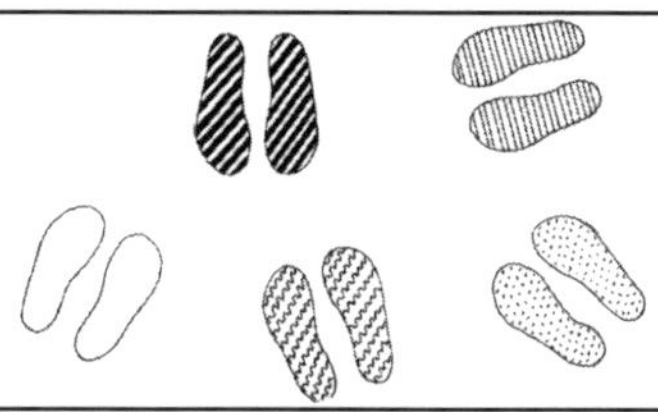
Aber nach einiger Zeit war das Geld alle. Die Freunde verließen den Sohn, er konnte ihnen nichts mehr bieten.	
Der Sohn war allein. Er war hungrig und durstig.	
Da begann er bei einem Bauern zu arbeiten. Aber er durfte sich nicht einmal satt essen.	
Er dachte: Zu Hause, bei meinem Vater, hat ein Knecht es besser als ich hier. Ich will zurückgehen und dort als Knecht arbeiten.	

Er machte sich auf den Heimweg. Der Vater sah seinen Sohn von Weitem kommen.	
Er lief ihm entgegen. Er umarmte ihn voller Freude.	
Der Sohn sagte: »Vater, ich habe Unrecht getan. Ich kann nicht mehr dein Sohn sein. Aber ich möchte bei dir als Knecht arbeiten.«	
Doch der Vater sagte: »Wir machen ein Fest. Mein Sohn ist wieder da. Er war wie tot und jetzt ist er wieder lebendig. Ladet alle ein.«	
Der Sohn bekam neue Kleider und einen schönen Ring. Und viele kamen, um mit ihnen zu feiern.	
Der ältere Bruder kam von der Arbeit nach Hause. Als er das Fest sah, wurde er ärgerlich. Er sagte zum Vater: »Für mich hast du noch nie so ein großes Fest gemacht.«	
Der Vater antwortete: »Du bist jeden Tag bei mir. Dein Bruder war wie tot, jetzt ist er wieder lebendig unter uns. Komm, freu dich mit uns.«	
Jesus sagt: »Gott ist wie dieser Vater. Er ist barmherzig. Jeder kann neu anfangen.«	

M 7

Bildergeschichte: Vom barmherzigen Vater

M 8 Ein Bild wahrnehmen

Fragt euch zuerst: Was sehe ich auf dem Bild?	
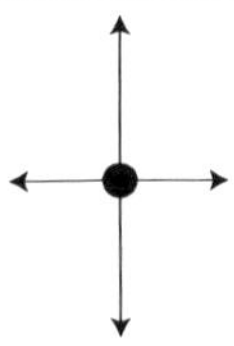	Schaut genau, zuerst in die Mitte und von da aus nach oben, nach rechts, links und unten. Nennt nur, was ihr wirklich seht. Ihr könnt fragen:
	**Wer** ist auf dem Bild zu sehen? Menschen oder Tiere – wie sehen sie aus, wo stehen sie, sitzen oder liegen sie? Wohin schauen sie?
	**Was** ist auf dem Bild zu sehen? Landschaften, Bäume – wie sehen sie aus, wo befinden sie sich auf dem Bild?
	Welche Farben sind auf dem Bild – ist das Bild rot – grün – gelb – blau oder ...?
Sprecht dann miteinander darüber: Was bedeutet das Bild?	
	Stellt euch vor, die Personen beginnen zu sprechen: Was sagen sie wohl? Wie sagen sie es (laut, leise, fröhlich, traurig ...)?
	Stellt euch vor, ihr könntet in das Bild hineinsteigen. Seid ihr gerne in dem Bild? Warum? Warum nicht? Wo möchtet ihr gerne sein, bei wem? Was würdet ihr die Menschen im Bild gerne fragen? Was würdet ihr am liebsten tun?
	Stellt euch vor, ihr seid der Maler und könnt das Bild weitermalen. Was würdet ihr ändern, ergänzen, weglassen? Nehmt Farbstifte, Schere und Klebstoff und verändert das Bild, bis es zu euch passt.
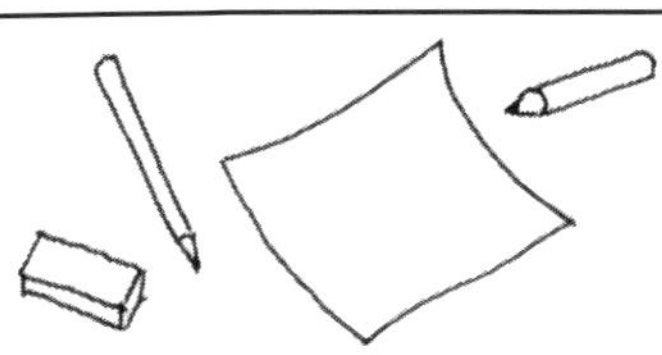	Schreibt eine Geschichte zu dem Bild. Was ist vorher passiert? Was passiert gerade? Was geschieht danach?

M 9

Rembrandt: Der verlorene Sohn

Rembrandt Harmenszoon van Rijn: Der verlorene Sohn, 1636.

M 10

Ein Gebet

Der Sohn damals		Wir heute

Gott, manchmal kenne ich
mich mit mir selbst
nicht mehr aus.

Ich mache Sachen,
die für mich und für andere
nicht gut sind.

Ich fühle mich verloren
und verschlossen in mir selbst.

Dann brauche ich Menschen,
denen ich vertrauen kann
und die mir weiterhelfen.

Danke,
dass du zu mir hältst,
dass ich mit allem
zu dir kommen kann,
dass du mich neu
anfangen lässt.

Amen.

- Lest miteinander das Gebet. Schneidet es aus, klebt es auf ein Plakat und gestaltet einen Schmuckrahmen darum herum.
- Stellt euch zuerst vor, der Sohn aus unserer Geschichte spricht den Text: Welche Situationen meint er wohl mit den einzelnen Sätzen? Schreibt oder malt eure Ergebnisse auf die linke Seite des Plakates.
- Kennt ihr von euch selbst oder anderen ähnliche Situationen? Habt ihr so etwas vielleicht selber schon einmal gedacht? Sprecht miteinander darüber. Schreibt oder malt die Ergebnisse auf die rechte Seite des Textes. Ihr braucht eure Namen nicht dazuzuschreiben.

2.3 Begegnungen – Grund- und Sekundarstufe I

2.3.1 Grundstufe: Levis Berufung

Die Kinder erhalten die Bilder von **M 1** sukzessive ausgeteilt, ggf. vergrößert. Alternativ können die Bilder auch eingescannt per Beamer oder auf Folie am Overhead-Projektor präsentiert werden. Jedes Bild wird wie folgt thematisiert:

- ☐ Zunächst erzählen einige Kinder, was sie auf dem Bild sehen.
- ☐ Die Szene wird von anderen Kindern nachgestellt.
- ☐ Die Lehrkraft erzählt den dazugehörigen Abschnitt der Geschichte und benennt die Personen auf dem Bild.
- ☐ Die Kinder erleben ein Element aus der Szene, z.B. gerufen werden.
- ☐ Nacheinander werden so alle Szenen präsentiert, gestellt und erlebt.
  Die Bilder stehen den Kindern in verkleinerter Form für differenzierte Arbeitsaufträge zur Verfügung.
  - ➢ **M 1**: Bilder: Levi
  - ➢ **M 2**: Geschichte: Levi

Zugänge mit basalem Schwerpunkt

- ☐ Die Kinder machen die Erfahrung, mit ihrem Namen gerufen zu werden. Dazu sitzen oder stehen sie zunächst mit anderen zusammen im Kreis. In der Mitte des Kreises steht die Jesus-Kerze. Die Lehrkraft oder ein anderes Kind geht zur Kerze und ruft von dort leise den Namen eines Kindes. Das Kind hört den eigenen Namen, wird aufmerksam und reagiert auf den Ruf. Es steht auf, geht zu dem, der es gerufen hat, und stellt sich zur Kerze.
  Nun kann die Lehrkraft oder das gerufene Kind ein weiteres Kind aufrufen – auch dieses hört, reagiert und folgt. Nach und nach bildet so die ganze Gruppe eine Kette. Die Lehrkraft führt sie zum Kreis zusammen und alle singen vom Jesus-Lied die erste Strophe.
  - ➢ Jesus-Lied: Wer ist Jesus – Sag mir das? (siehe S. 12)
- ☐ Die Kinder sitzen im verdunkelten Raum. Nun zündet die Lehrkraft ein Licht (die Jesus-Kerze) an und bringt es zu einem der Kinder. Es schaut in das Licht, spürt die Wärme und folgt dann dem Licht mit den Augen, während die Lehrkraft zu einem anderen Kind weitergeht. Nach und nach schauen und folgen alle dem Licht mit den Augen. Am Schluss stellt die Lehrkraft die Kerze in die Mitte und alle singen ein Lied.
- ☐ Ein Kind bekommt ein leise klingendes Musikinstrument (z.B. eine Triangel oder eine Klangschale). Damit geht es zu einem anderen Kind und schlägt neben ihm vorsichtig das Instrument an. Das Kind steht auf und folgt dem Klang. Beide gehen durch den Raum zu einem dritten Kind – bis alle Kinder dem Klang folgen.
- ☐ Die Schülerinnen und Schüler machen sich zusammen auf einen Weg, z.B. geht oder fährt ein Kind mit einem Freund dorthin (oder wird gefahren), wo es alleine nicht hinkommt.
- ☐ Die Kinder machen die Erfahrung von Aufbruch. Sie verlassen allein oder zu zweit den vertrauten Klassenraum und finden auf dem Schulhof oder im Nebenraum etwas Neues, entdecken eine schöne Überraschung.

Zugänge mit konkret-handelndem Schwerpunkt

- ☐ Die Schülerinnen und Schüler gestalten Szenen am Zoll: Sie erhalten Münzen (Spielgeld), errichten eine Grenze zwischen zwei Tischen (oder an der Klassentür). Jeder, der diese Grenze passieren will, muss dem Zöllner etwas dafür bezahlen.
- ☐ Die Schülerinnen und Schüler berichten von Erfahrungen der Ablehnung:
  - ➢ Dabei durfte ich nicht mitspielen …
  - ➢ Meine Eltern haben mich nicht mitgenommen zu …
  - ➢ NN hat mich nicht zu seinem Geburtstag eingeladen …

  Sie erproben Formen der Ablehnung, die den anderen nicht verletzen, und tauschen sich darüber aus.
- ☐ Die Schülerinnen und Schüler erhalten kleine Puzzleteile. Die Lehrkraft erläutert: Immer zwei Teile passen zusammen. Jedes Kind zieht ein Puzzleteil und sucht zunächst seinen Partner.

  Aufgabe: Wenn ihr den richtigen Partner gefunden habt und eure Teile zusammenlegt, könnt ihr eine Aufgabe lesen. Löst diese zusammen und schreibt oder malt eure Lösung an die Tafel!

  An der Tafel stehen die Nummern der Karten, darunter können die Kinder dann ihre Lösungen anbringen.
  - ➢ **M 3**: Puzzle: Levi

Zugänge mit anschaulichem Schwerpunkt

- ☐ Die Schülerinnen und Schüler bilden kleine Gruppen und spielen die Geschichte weiter. Dazu erhalten sie verschiedene Anregungen.
  - ➢ Levi erzählt den anderen Jüngern seine Geschichte;
  - ➢ Levi erzählt einem Freund seine Geschichte;
  - ➢ Levi geht nach Hause und erklärt seiner Frau / seinen Eltern, was er tun wird;
  - ➢ Levi erklärt einem Pharisäer, was er von Jesus denkt;
  - ➢ Levi kündigt seine Stelle bei den Römern.
- ☐ Die Schülerinnen und Schüler erstellen eine Collage: In die Mitte malen oder kleben sie ein Bild: Jesus ruft Levi zu sich. Sie schreiben darunter: Jesus lädt Menschen ein. Sie überlegen: Wen lädt Jesus heute ein? Sie kleben Bilder von heutigen Menschen um diese Mitte.
- ☐ Die Schülerinnen und Schüler gestalten mit verschiedenen Materialien ein Bodenbild[1] zu der Geschichte.
- ☐ Die Schülerinnen und Schüler erhalten ein Blatt Papier und falten es in der Mitte. Auf beide Seiten kleben sie eine Figur von Levi. Sie überlegen: Wie fühlt sich Levi vor der Begegnung mit Jesus und wie geht es ihm danach? Sie gestalten die beiden Seiten mit entsprechenden Farben.
  - ➢ **M 4**: Figur: Levi

Zugänge mit kognitiv-abstraktem Schwerpunkt

- ☐ Die Schülerinnen und Schüler sprechen miteinander über die Frage: Ist Jesus ein Arzt?
- ☐ Die Schülerinnen und Schüler informieren sich mit einem Bibellexikon oder mit anderen Hilfsmitteln über die Aufgabe von Zöllnern zur Zeit Jesu. Sie berichten den anderen davon.

---

1 Vgl. dazu AHR-i. Basisband, Methodenteil, S. 84.

- ☐ Die Schülerinnen und Schüler überlegen: Zu welchen Menschen geht Jesus noch? Sie schreiben deren Namen oder Geschichten auf ein Blatt Papier, malen gegebenenfalls etwas dazu und machen ein Puzzle daraus. Die ganze Klasse kann später damit puzzeln.
- ☐ Die Schülerinnen und Schüler schreiben oder erzählen die Geschichte weiter. Dabei bedenken sie folgende Fragen: Wer sitzt jetzt am Zoll? Was macht Levi bei/mit Jesus? Wie gehen die anderen Jünger mit Levi um?
- ☐ Die Schülerinnen und Schüler schreiben ein Schneeballgedicht[2] zu der Geschichte.
  - ➢ **M 5**: Schneeballgedicht: Levi

Kooperative Angebote

- ☐ Die Schülerinnen und Schüler bilden heterogene Gruppen und überlegen gemeinsam: Wie können wir den Arbeitsauftrag so ausführen, dass alle beteiligt sind? Was kann ich, was kannst du, was kann er/sie zu dem Ergebnis beitragen? Dann arbeiten sie gemeinsam.
- ☐ Die Lehrkraft erteilt die Aufgabe: Spielt die letzte Szene der Geschichte miteinander so, dass alle Kinder beteiligt sind.
  Bereitet dafür in kleinen Gruppen folgende Teil-Szenen vor:
  - ➢ Das Abschiedsessen im Hause des Levi.
  - ➢ Viele Leute kommen dazu – sie unterhalten sich miteinander.
  - ➢ Levi erklärt den Menschen, warum er mit Jesus geht.
  - ➢ Pharisäer und Schriftgelehrte kommen vorbei.
  - ➢ Freunde von Jesus kommen dazu.
  - ➢ Ein Römer kommt auch dazu.
- ☐ Die Lehrkraft kann den Kindern Rollenkarten als Hilfestellung geben oder die Kinder überlegen gemeinsam: Was sagen und tun die Leute, wie verhalten sie sich …?
- ☐ Die Lehrkraft stellt einige Kleidungsstücke zum Verkleiden bereit: Z.B. Umhänge und Decken, Schwert, Helm, Kissen zum Lagern um den Tisch; für das Fest: Rosinen, Datteln und Fladenbrot, Wasser oder Traubensaft.

2 Nach einer Idee von Edelgard Moers.

2.3.2 Sekundarstufe I: Jesus erzählt von Gottes Reich – Die Bergpredigt

Präsentation

Präsentation der »Geschichte« mit einer Objektbox. In einem Korb oder einer Kiste befinden sich: Ein großes Bodentuch, ein Weg, Figuren (z.B. Holzkegel-Figuren[1]) und verschiedene symbolische Objekte, die zu den Teilen der Bergpredigt passen, die von der Lehrkraft erzählt werden.

Ein Licht (kleine Kerze in einem Glas) – Bildkarte mit geballten Fäusten auf der Rückseite durchgestrichen – Tränensteine – Sand in einem Säckchen und ein Feldstein – Sorgenpüppchen – ein Herz – ein Tütchen Salz – Smileys mit lachendem, wütendem und traurigem Ausdruck – …

- **M 6**: Erzählvorlage: Die Bergpredigt

Zugänge mit basalem Schwerpunkt

- ☐ Die Schülerinnen und Schüler eignen sich die Erzählung durch unterschiedliche Erfahrungen an: Sie stehen oder sitzen entweder auf dem Boden oder auf einer erhöhten Position. Sie beschreiben ihre unterschiedlichen Wahrnehmungen.
- ☐ Die Schülerinnen und Schüler erleben und erproben Gesten des Trostes und der Versöhnung. Sie hören dazu den Text der Seligpreisungen:
  Jesus sagt zu den Menschen: »Gott liebt die Menschen. Wer traurig ist, soll getröstet werden. Wer arm ist, der gehört zu Gott. Wer Frieden stiftet, der handelt, wie Gott es will.«
- ☐ Sie kosten Brot oder Suppe ohne Salz und mit Salz und erleben dabei die Würzkraft des Salzes. Sie hören:
  Jesus sagt: »Erzählt den Menschen von Gott, dann seid ihr für sie wie Salz, das die Speisen würzt.«
- ☐ Die Schülerinnen und Schüler spüren in einem verdunkelten Raum die Dunkelheit / Dämmerung. Dann wird eine Kerze angezündet, sie erleben und staunen: Ein kleines Licht kann einen Raum hell machen. Dabei hören sie: Jesus sagt: »Lasst euer Licht leuchten, auch wenn es klein ist. Es wird die Welt hell machen.«
- ☐ Die Schülerinnen und Schüler stehen oder liegen in einer Position, die für sie unsicher ist. Dann werden sie in dieser Position so von Freunden gehalten und gestützt, dass sie sich sicher halten können. Dabei hören sie das Wort Jesu: »Haltet euch an meine Worte. Dann habt ihr euer Leben auf festen Grund gebaut. Ihr seid dann wie ein Haus, das auf Fels steht. Es wird sicher stehen.«
- ☐ Die Schülerinnen und Schüler nehmen einen lachenden und einen traurigen Smiley in die Hand. Einige Kinder nennen nun freundliche Worte und Schimpfworte. Die Schülerinnen und Schüler drücken ihre jeweiligen Gefühle dadurch aus, dass sie entweder den fröhlichen oder den traurigen Smiley zeigen. Sie hören:
  Jesus sagt: »Liebt eure Feinde, beschimpft eure Freunde nicht.«

Zugänge mit konkret-handelndem Schwerpunkt

- ☐ Die Schülerinnen und Schüler wählen einen Satz aus der Bergpredigt und sprechen diesen zu anderen von einer erhöhten Position aus. Sie denken sich weitere freundliche Sätze aus, die zu den Worten Jesu passen.

---

1 Nähere Hinweise unter http://www.prowerk-shop.de/de/Therapeutische-Spielmittel/Holzkegelfiguren-Set-1-10-tlg..html

☐ Die Schülerinnen und Schüler lesen den Text der Bergpredigt. Jesus sagt zu den Menschen: »Gott liebt die Menschen. Wer traurig ist, soll getröstet werden; wer arm ist, der gehört zu Gott; wer Frieden stiftet, der handelt, wie Gott es will.«
Sie wählen aus den Karten Gesten aus und erproben, welche zu dem Text passen. Sie sprechen darüber, in welchen Situationen sie getröstet werden möchten oder andere trösten können.

➢ **M 7**: Tröstende Gesten

☐ Die Schülerinnen und Schüler schreiben auf Textstreifen etwas, das ihnen Sorgen macht. Sie falten die Streifen zusammen und legen alle Streifen in einen Korb. Dann wird ein Text gezogen, alle überlegen gemeinsam: Was können wir tun, damit diese Sorge kleiner wird. Der Autor bekommt seinen Text zurück und sagt, ob ihm das Gespräch geholfen hat.
Die Schülerinnen und Schüler formulieren ein Gebet zu ihren Sorgen. Sie können dazu den Text der Bergpredigt verwenden: »Macht euch keine Sorgen. Gott sorgt für euch. Er kennt euch genau und weiß, was ihr braucht.«

➢ **M 8**: Textstreifen: Sorgen

☐ Die Schülerinnen und Schüler zünden die Kerze aus der Objektbox an. Dann wird der Raum verdunkelt und sie erproben, wo die Kerze stehen muss, damit sie den ganzen Raum ausleuchtet. Sie sprechen gemeinsam das Wort der Bergpredigt:
Jesus sagt: »Lasst euer Licht leuchten, auch wenn es klein ist. Es wird die Welt hell machen.«

☐ Einzelne Schülerinnen und Schüler stellen sich auf einen unsicheren Untergrund, balancieren etwas auf dem Kopf oder halten eine volle Wassertasse fest. Danach erproben sie das Gleiche auf einem festen, sicheren Boden. Sie tauschen sich über die Erfahrungen aus. Sie sprechen gemeinsam das Wort der Bergpredigt:
Jesus sagt: »Haltet euch an meine Worte. Dann habt ihr euer Leben auf festen Grund gebaut. Ihr seid dann wie ein Haus, das auf Fels steht. Es wird sicher stehen.«

☐ Einige Schülerinnen und Schüler bekommen einen Zettel, auf dem ein Smiley mit geballter Faust zu sehen ist. Sie ballen die Fäuste oder nehmen eine andere Körperhaltung ein, die Feindschaft zeigt. Andere bekommen einen Zettel, auf dem ein Herz zu sehen ist. Sie versuchen nun – ohne Gewalt – mit Worten oder Gesten die Feindschaft in Freundschaft zu verwandeln. Sie tauschen sich aus: Wodurch kann eine feindselige Haltung verändert werden?
In einer zweiten Spielrunde können die Zettel ausgetauscht werden. Die Schülerinnen und Schüler sprechen miteinander den Text der Bergpredigt: Jesus sagt: »Lebt so, wie Gott es will! Liebt eure Feinde; beschimpft eure Freunde nicht; teilt, was ihr habt, und seid freundlich zueinander.«

➢ **M 9**: Bilder: Faust – Herz

Zugänge mit anschaulichem Schwerpunkt

☐ Die Schülerinnen und Schüler malen ein Bild zu der Überschrift: Jesus spricht vom Berg zu den Menschen.
Alternative: Sie bauen einen Berg aus Steinen oder gestalten ihn aus Ton.

☐ Die Schülerinnen und Schüler erhalten Tränen aus Papier. Sie beschriften diese mit Situationen, die Menschen, Mitschüler oder sie selber traurig machen. Auf die Rückseite schreiben sie, wer oder was in dieser Situation trösten kann. Sie gestalten damit ein Mobile. Sie schreiben den Satz der Bergpredigt »Jesus sagt zu den Menschen: Gott liebt die Menschen. Wer traurig ist, soll getröstet werden; wer arm ist, der gehört zu Gott; wer Frieden stiftet, der handelt, wie Gott es will« auf eine Postkarte und hängen diese an den Trägerast des Mobile.

- **M 10**: Mobile: Tränen

- ☐ Die Schülerinnen und Schüler basteln ein Sorgenpüppchen. Sie beschriften einen Zettel mit dem Text der Bergpredigt: „Macht euch keine Sorgen. Gott sorgt für euch. Er kennt euch genau und weiß, was ihr braucht." Diesen Zettel befestigen sie an der Puppe und verschenken die Figur.
  - Eine Bauanleitung für Sorgenpüppchen (Kummerpüppchen) findet sich beim Web-Magazin für Kinder: zzzebra http://www.labbe.de/zzzebra/index.asp?themaid=691&titelid=5848
- ☐ Einige Schülerinnen und Schüler betrachten ein Bild von Menschen, die sich feindlich gegenüberstehen. Sie nehmen die Haltung der Personen darauf ein. Sie sprechen in den jeweiligen Haltungen miteinander. Andere Schülerinnen und Schüler betrachten ein Bild von Menschen, die sich freundlich begegnen. Sie nehmen die Haltung der Personen darauf ein. Sie sprechen in den jeweiligen Haltungen miteinander. Sie gehen nun auf die Schülerinnen und Schüler in der feindlichen Haltung zu und versuchen, diese zu versöhnen.
  Einige Schülerinnen und Schüler halten die einzelnen Szenen mit einem Foto fest. Anschließend gestalten sie damit eine Fotocollage rund um den Text der Bergpredigt: Jesus sagt: »Lebt so, wie Gott es will! Liebt eure Feinde; beschimpft eure Freunde nicht; teilt, was ihr habt und seid freundlich zueinander.«
- ☐ Die Schülerinnen und Schüler sammeln Bilder von Häusern aller Art, auch von Ruinen und zerstörten Häusern. Sie sortieren die Bilder und entwickeln dabei Kriterien für die Sicherheit eines Hauses. Sie lesen den Text der Bergpredigt: Jesus sagt: »Haltet euch an meine Worte. Dann habt ihr euer Leben auf festen Grund gebaut. Ihr seid dann wie ein Haus, das auf Fels steht. Es wird sicher stehen.«
  Sie vervollständigen die angefangenen Sätze:
  - Ein Haus kann sicher stehen, wenn …
  - Leben kann gelingen, wenn …

Zugänge mit kognitiv-abstraktem Schwerpunkt

- ☐ Die Schülerinnen und Schüler suchen die Bergpredigt in der Bibel, schlagen den Text auf und lesen einige Zeilen.
  Sie überlegen: Warum stellt Jesus sich für seine Rede auf einen Berg? Hätte er diese Dinge auch in einer Höhle sagen können oder in einem Haus? Was würde sich ändern?
- ☐ Die Schülerinnen und Schüler bekommen die Seligpreisungen als Text. Auf einem Arbeitsblatt notieren sie:

Wir sagen oft:	Jesus sagt:
Cool ist einer, der …	Selig ist, wer …

  Danach machen sie ein Positionsspiel: Einige stellen sich auf die »Wir«-Seite – andere auf die Seite Jesu. Sie versuchen, einander ihre jeweilige Position zu erklären und dafür zu werben. Positionswechsel ist möglich (mit Begründung).
- ☐ Die Schülerinnen und Schüler erhalten den Text von der Feindesliebe. Sie lesen den Text und sprechen darüber. Dann sammeln sie Einwände gegen den Text, indem sie auf jede Aufforderung antworten: Ja, aber … Sie notieren die Einwände. Dann verwandeln sie diese Einwände in konstruktive Zustimmung. Ja, aber wird zu: Ja, und … Sie notieren die veränderten Sätze.

Sie wählen eine Situation aus und schreiben dazu eine Geschichte, die sie den anderen in der Klasse vortragen oder vorspielen.

- ☐ Die Schülerinnen und Schüler führen ein theologisches Gespräch über das Bildwort vom Salz der Erde und dem Licht auf dem Berg.
- ☐ Die Schülerinnen und Schüler erhalten den Bibeltext vom Haus auf dem Fels. Sie markieren die wichtigsten Wörter und schreiben dazu eine Geschichte, die das Bild erklärt.
- ☐ Die Schülerinnen und Schüler lesen den Text von der Sorge aus der Bergpredigt. Sie erhalten außerdem den Martin Luther zugeschriebenen Text: »Dass die Vögel der Sorge um deinen Kopf kreisen, kannst du nicht ändern. Aber du kannst verhindern, dass sie sich auf deinem Kopf Nester bauen.«
  Sie sprechen über Luthers Text und gestalten ihn kreativ. Sie fertigen ein Schattenbild ihres Kopfes an, kleben dazu Vögel der Sorge, in die sie ihre eigenen Sorgen schreiben. Aus einer Liste wählen sie Trostverse aus und kleben diese zwischen sich und die Vögel.
  - ➢ **M 11**: Vögel der Sorge

M 1

Bilder: Levi

M 2

Geschichte: Levi

Levi ist ein Zöllner. Er nimmt Geld von den Menschen.
Das Geld muss er den Römern geben. Aber er behält auch etwas für sich.
Niemand mag ihn. Levi ist allein. ▶
Jesus kommt in die Stadt. Er sieht Levi am Stadttor sitzen.
Jesus bleibt stehen. Er sieht Levi an. Er sagt: »Komm mit mir!« ▶
Und Levi steht auf. Er lädt Jesus zu sich nach Hause ein.
Viele andere Zöllner kommen dazu, sie essen und trinken zusammen.
Die Leute wundern sich. ▶ Sie fragen: »Warum isst Jesus mit solchen Leuten?«
Jesus sagt: »Ein Arzt geht zu den Kranken und hilft ihnen.
So gehe ich auch zu denen, die mich brauchen. So will es Gott.«
Levi geht mit Jesus auf seinem Weg.

(nach Markus 2,13–17)

M 3

Puzzle: Levi

Anleitung: Die folgenden Karten auf farbiges, festes Papier vergrößert kopieren. Je nach Gruppengröße so viele Fragekarten auswählen, dass immer für zwei Kinder eine Karte vorhanden ist. Bei Bedarf weitere Aufgaben auf die leeren Karten schreiben. Es können auch einige Karten doppelt vorkommen. Die Karten auf der Rückseite nummerieren.
Nun die Karten laminieren, auseinanderschneiden und jeweils individuell zerteilen. Die Teile mischen und in einen Korb legen. Die Kinder ziehen jeweils ein Teil und suchen das dazu passende Gegenstück. Beide lösen dann gemeinsam die Aufgabe auf der Karte bzw. beantworten die genannte Frage. Sie schreiben die Antwort an die Tafel.

Welchen Beruf hatte Levi?	Was sagt Jesus zu Levi?	Was denken die Leute über Levi?	Was denkt Jesus über Levi?
Wo arbeitet Levi?	Kennt ihr noch andere Freunde von Jesus?	Warum mögen die Leute Levi nicht?	Warum ruft Jesus gerade Levi?
Schreibt den Namen des Zöllners mit bunter Kreide.	Malt Levi und einen Tisch mit Geldstücken.	Welche Waren bringen die Leute in die Stadt?	Bringt die Buchstaben in die richtige Reihenfolge: ö l e Z l r n
Was macht Levi?	Warum geht Levi mit Jesus?	Malt ein Herz und schreibt hinein, wie Levi sich fühlt.	Ordnet den Namen Smileys zu: Levi Jesus Leute

M 4

Figur von Levi

M 5

Schneeballgedicht

Fünf Kinder arbeiten zusammen. Jedes Kind bekommt eine Nummer: 1 – 2 – 3 – 4 – 5.
Schreibt nun miteinander ein Gedicht zu der Geschichte von Levi.
Die Worte müssen sich dabei nicht reimen.
So könnt ihr vorgehen:

Es schreibt

- Kind Nr. 1 ein Wort auf die erste Linie.
- Kind Nr. 2 zwei Wörter auf die nächste Linie.
- Kind Nr. 3 drei Wörter auf die dritte Linie.
- Kind Nr. 4 vier Wörter auf die vierte Linie.
- Kind Nr. 5 fünf Wörter auf die fünfte Linie.
- Kind Nr. 4 vier Wörter auf die sechste Linie.
- Kind Nr. 3 drei Wörter auf die siebte Linie.
- Kind Nr. 2 zwei Wörter auf die achte Linie.
- Kind Nr. 1 ein Wort auf die neunte Linie.
- Kind Nr. 5 die Überschrift zu dem Gedicht.

____

Überschrift

______

______ ______

______ ______ ______

______ ______ ______ ______

______ ______ ______ ______ ______

______ ______ ______ ______

______ ______ ______

______ ______

______

Tragt euer Gedicht der Klasse vor!

M 6	Erzählvorlage: Die Bergpredigt

Erzähltext	Regieanweisungen
    Jesus war unterwegs. Seine Freunde waren bei ihm.	*Bodentuch ausbreiten (an einer Stelle etwas erhöhen, z.B. ein Buch unterlegen). Den Weg so auf das Tuch legen, dass er an der erhöhten Stelle vorbeiführt. Jesusfigur auf den Weg stellen, einige weitere Figuren dazustellen.*
Viele Menschen folgten ihm. Sie sagten: »Erzähle uns mehr von Gott. Wie sollen wir miteinander leben?« Da blieb Jesus stehen, er sah die vielen Menschen. Er ging zu einem kleinen Hügel und sagte:	*Andere Figuren dazustellen, auch Frauen und Kinder. Jesus auf dem Weg zu der erhöhten Stelle führen. Die anderen folgen, im Halbkreis um Jesus stellen.*
»Gott liebt die Menschen. Darum gilt: Wer traurig ist, soll getröstet werden. Wer arm ist, der gehört zu Gott. Wer Frieden stiftet, der handelt, wie Gott es will.	*Tränen auf das Tuch legen. Bildkarte mit durchgestrichener Faust hinlegen.*
Macht euch keine Sorgen. Gott sorgt für euch. Er kennt euch genau und weiß, was ihr braucht.	*Sorgenpüppchen*
Das könnt ihr allen Menschen weitererzählen. Dann seid ihr wie ein Licht, das auf einem Sockel steht und allen leuchtet, oder wie Salz, das die Speisen würzt.	 *ein Licht* *Salznapf oder Salzstreuer*
Lebt so, wie Gott es will! Liebt eure Feinde, beschimpft eure Freunde nicht, teilt, was ihr habt, und seid freundlich zueinander.	 *ein großes Herz*
Haltet euch an meine Worte. Dann habt ihr euer Leben auf festem Grund gebaut, wie ein Haus, das auf Fels steht. Im Sturm und Regen wird es sicher stehen. Ein Haus, das auf Sand gebaut ist, wird umfallen, wenn es stürmt.«	 *Sand und Steine dazulegen.*
Dann ging Jesus weiter. Die Menschen hatten viel nachzudenken.	*Jesus geht auf dem Weg weiter, die Freunde folgen ihm. Die anderen Menschen bleiben stehen oder gehen langsam in alle Richtungen weg.*

Notwendige Materialien siehe S. 93.

M 7

Trostgesten

M 8

Textstreifen: Sorgen

Gott, ich mache mir Sorgen ...
Gott, ich mache mir Sorgen ...
Gott, ich mache mir Sorgen ...

M 9

Bilder: Faust – Herz

© lorelyn medina / shutterstock.com

© kata 43 / shutterstock.com

M 10

Mobile: Tränen

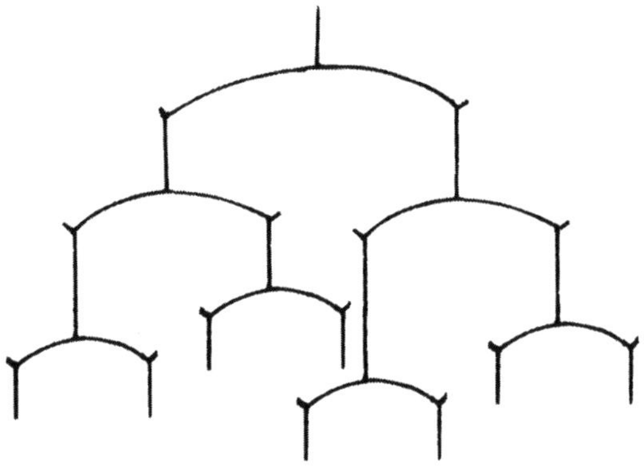

Einzelne Tränen beschriften und mit einem Faden versehen. Die Fäden an eine kleinen Ast knüpfen und aufhängen. Es können auch mehrere Äste verwendet werden, diese dann an einen Trägerast binden. Den Träger mit einem Faden versehen und an einem Haken aufhängen. Durch Verschieben der Aufhängungen lässt sich das Gleichgewicht herstellen.

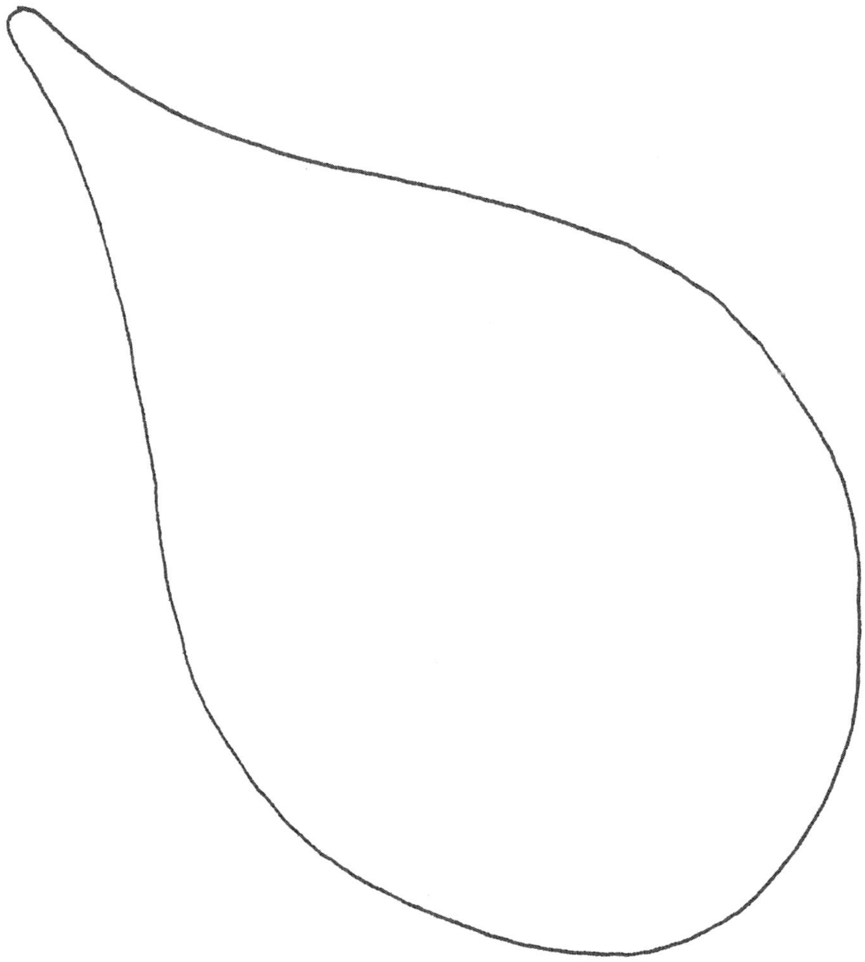

M 11

Vögel der Sorge

So machst du dein Schattenbild:
Hänge ein großes weißes Papier an die Tafel oder eine glatte Wand.
Schalte eine starke Lampe ein, die das Papier bestrahlt.
Setze dich so zwischen Lampe und Papier, dass dein Gesicht als Schatten auf das Papier fällt.
Achte darauf, dass du im Profil zu sehen bist.
Dein Kopf soll ganz zu sehen sein, der Umriss soll scharf zu erkennen sein und es muss noch Platz für die Vögel auf dem Papier sein.
Bitte einen Mitschüler, den Umriss deines Kopfes auf das Papier zu zeichnen.
Male anschließend dein Portrait schwarz aus.

Vögel der Sorge kreisen um deinen Kopf.
Das kannst du nicht ändern.
Aber du kannst verhindern, dass sie sich auf deinem Kopf Nester bauen.

(Martin Luther)

Psalmworte

Du, Gott, kennst mich bei meinem Namen (nach Psalm 91,14).

Zeige mir den Weg, den ich gehen soll.
Ich vertraue auf dich (nach Psalm 143,8).

Du wachst, Gott, damit ich keine Angst habe (nach Psalm 32,7).

- Fertige ein Schattenbild deines Kopfes an (siehe Anleitung).
- Schneide Vögel aus und klebe sie auf das Bild oder male eigene Vögel um deinen Kopf. Achte dabei darauf, dass sie nicht auf deinem Kopf sitzen!
- Schreibe Sorgen, die du hast, in die Vögel.
- Schreibe den Text von Martin Luther zu deinem Bild.
- Überlege: Wie kannst du verhindern, dass die Vögel der Sorgen auf deinem Kopf Nester bauen?
- Sprich mit anderen darüber.
- Wähle ein Psalmwort aus, das dir dabei hilft.
- Schreibe es ebenfalls auf dein Plakat.

Themenbereich 3: Passion und Ostern

Kompetenzspektrum Grundstufe: Die Schülerinnen und Schüler können die Geschichten von Tod und Auferstehung Jesu nachvollziehend wiedergeben. Sie können die Stationen des Leidens Jesu feiernd nachempfinden und ganzheitlich gestalten. Sie vollziehen die Ausbreitung der Osterbotschaft im eigenen Erleben nach und können sie mit eigenen Erfahrungen in Verbindung bringen.

Kompetenzspektrum Sekundarstufe I: Die Schülerinnen und Schüler wissen, dass Christen an die Auferstehung Jesu Christi glauben und dadurch Hoffnung über den Tod hinaus haben. Sie gestalten die Leidensgeschichte als Kreuzweg und können sie dadurch ganzheitlich nachvollziehen. Sie bringen diese Erfahrungen mit ihrem eigenen Leben in Verbindung. Sie können ansatzweise wiedergeben, wie die Botschaft von Tod und Auferstehung entstanden ist und sich ausgebreitet hat.

Didaktischer Schwerpunkt

Die Passionszeit dauert sechs Wochen. In dieser Zeit soll im Religionsunterricht die Passionsgeschichte im Mittelpunkt stehen.
In diesem Themenbereich geht es schwerpunktmäßig um das Nachvollziehen und persönliche Miterleben des Passions- und Ostergeschehens im Sinne performativer Didaktik. Feiern und Gestalten sowie liturgisches Lernen stehen somit im Mittelpunkt.
In der **Grundstufe** wird vorgeschlagen, mit der Lerngruppe einen Passions- und Osterweg zu gestalten und liturgisch zu begehen. Dabei werden unterschiedliche Lernzugänge berücksichtigt und ausgewiesen. In jeder Religionsstunde steht eine Episode aus der Leidensgeschichte Jesu im Mittelpunkt, in der letzten Stunde dann die Ostergeschichte. Wenn weniger Zeit zur Verfügung steht, können ausgewählte Geschichten präsentiert und die anderen zusammenfassend erzählt werden.
In der **Sekundarstufe I** wird das Thema mit der liturgischen Form des Kreuzwegs erschlossen. Die Jugendlichen lernen diese Form kennen und werden ermutigt, einzelne Stationen selbst zu gestalten und zu feiern.
Als weitere Zugangsmöglichkeit wird das Nachvollziehen der Entwicklung der Botschaft von Tod und Auferstehung vorgeschlagen, der Schwerpunkt liegt hier auf der kognitiven Ebene.

Begleitendes Ritual

Zu Beginn der Passionszeit werden Weizenkörner in Kreuzform in eine runde Schale eingesät. Während der gesamten Zeit pflegen die Schülerinnen und Schüler die Pflanzen und beobachten sie beim Wachsen.
Im Laufe der Zeit wächst in der Schale ein grünes Kreuz.
Am Ende können in die vier Teile der Schale Ostersymbole gesteckt werden, z.B. ein Glas mit einer Kerze; eine Blume; ein Herz; ein Ei oder andere Dinge.
Ein Lied begleitet die Zeit, z.B. »Korn, das in die Erde« (EG Nr. 98).

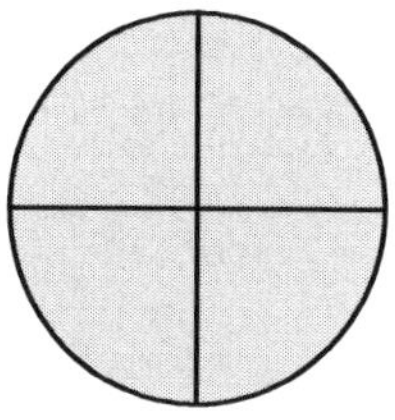

3.1 Passion und Ostern – Grundstufe: Einen Passions- und Osterweg gestalten

Vorbereitung: Die Lehrkraft bereitet für die einzelnen Stationen der Passion Bildkarten zum Aufstellen vor. (Am besten eignet sich dazu eine Setzleiste aus Holz, in die die Karten gesteckt werden können.) Die jeweils dazugehörende Textkarte (vgl. **M 1**) wird vor die Setzleiste gelegt.
Für jede Station (jedes Bild) ist ein Tuch in passender Farbe bereitzuhalten, außerdem ein Korb mit verschiedenen Naturmaterialien und symbolischen Gegenständen (Vorschläge dazu finden sich bei den einzelnen Stationen).
Material: Sehr gut eignen sich die Bildkarten zur Passion aus: Spuren lesen. Bildkarten für das 3./4. Schuljahr, Calwer Verlag/Diesterweg, Stuttgart/Braunschweig 2011 (Kapitel »Jesus Christus«, Karten 7–13). Auf der Rückseite der Karten ist die jeweilige Geschichte kurz erzählt.

▸ **M 1**: Texte zu den Bildkarten »Passion«

In eine runde Schale Weizenkörner in Kreuzform einsäen (siehe oben, S. 107). Die Schale wird in der Osterfeier verwendet.

Zur Durchführung

In der ersten Stunde führt die Lehrkraft in das Projekt ein. Sie erinnert die Kinder an die Jesusgeschichten und das Leben Jesu, das, was sie daraus bisher schon kennengelernt haben. Sie erzählt, dass Jesus auf seinem langen Weg nun in Jerusalem angekommen ist und wir ihn in den letzten Tagen seines Lebens begleiten wollen. Wichtig ist, eine konzentrierte Stimmung zu erzeugen. Das gelingt durch die Haltung der Lehrkraft, ihre Stimme und ihren wertschätzenden Umgang mit dem Material. Die Kinder sitzen im Kinositz – evtl. in zwei Reihen – vor einem (noch) leeren Tisch.
Die Kinder üben ein Lied ein, das in den folgenden Stunden immer zu Beginn der Feier gesungen wird, z.B.: das Lied zum Passionsweg »Weißt du, was vor Ostern geschah?« (Rolf Krenzer / Peter Janssens, in: Das große Liederbuch von Rolf Krenzer).
Nun holt die Lehrkraft das erste Bild hervor und stellt es auf. Die Jesuskerze wird angezündet und neben das Bild gestellt (die Kerze wandert in den folgenden Stunden von Bild zu Bild).
Die Kinder betrachten das Bild, einige lesen die Unterschrift vor. Mit den Kindern zusammen erzählt die Lehrkraft die jeweilige Geschichte in kurzer Form. Die Kinder äußern sich zu dem Gehörten. Gemeinsam wählen sie ein Tuch aus, das vor das Bild gelegt wird.

Nun arbeiten die Kinder in differenzierten Gruppen zu dem Bild. Die Gruppen können sich jedes Mal unterschiedlich zusammensetzen. Den Gruppen werden verschiedene Angebote gemacht:

- ☐ Die Kinder können basale Sinneserfahrungen machen.
- ☐ Die Kinder können Gegenstände aus dem Korb wählen, die zur Geschichte gehören, und sie auf das Tuch legen.
- ☐ Die Kinder können mit Natur- und/oder Legematerialien ein Bodenbild legen und fotografieren.
- ☐ Die Kinder können einen lyrischen Text verfassen.

Am Ende der Gruppenarbeitsphase kommen alle zusammen. Die Kinder präsentieren ihre Ergebnisse (sie erzählen, erläutern die Gegenstände auf dem Tuch, zeigen ihre kreative Gestaltung und lesen den Text vor).
Alle betrachten einen Moment schweigend die Bild-Gestaltung.
Sodann werden die Kinder aufgefordert, ein »Klickbild« zu machen und dies in ihrem Kopf zu speichern. Dazu betrachten sie die Gestaltung, schließen kurz die Augen und verankern das Bild in ihrem Gedächtnis. Sie entscheiden gemeinsam, welcher Gegenstand sie an das Erlebte erinnern und aufbewahrt werden soll.
Dann sprechen sie zusammen den Text der Karte oder ein kurzes Gebet und singen ein Lied. Die Jesuskerze wird ausgeblasen und Bild, Textkarte, Tuch und Gegenstand werden in eine bereitstehende, vorbereitete Kiste geräumt.
In der nächsten Stunde wird das Bild mit dem Tuch und dem Gegenstand wieder aufgestellt und die Kinder erinnern sich kurz an ihr ‚Klickbild'. Nun wird das zweite Bild aufgestellt und in gleicher Weise verfahren wie beim ersten Bild.
Der weitere Verlauf des Unterrichts gestaltet sich nach dieser Struktur immer gleich: Die Kinder werden begrüßt, das Lied wird gesungen, die vorigen Bilder und ein neues Bild werden aufgestellt, die Geschichte weitererzählt und gestaltet.
So ergibt sich im Laufe der Zeit ein Weg, der gemeinsam beschritten werden kann und dann in der letzten Stunde in die Osterfeier mündet.

- Lied: Weißt du, was vor Ostern geschah? (in: »Das große Liederbuch« von Rolf Krenzer)
- **M 1**: Texte zu den Bildkarten »Passion«

Anregungen zu den einzelnen Bildern

1. Das Passamahl
Jesus kommt nach Jerusalem und feiert mit seinen Freunden das Passamahl.
Er sagt: »Teilt miteinander Brot und Wein, dann werde ich immer bei euch sein.«
Gruppenarbeit:

- ☐ Kinder bekommen ein Stück Brot in die offene Hand gelegt. Sie fühlen, riechen und schmecken das Brot. Sie kosten auch von dem Saft. Der Text der Bildkarte wird ihnen dazu gesagt.
- ☐ Kinder wählen Gegenstände aus dem Korb, die zu der Geschichte passen. Bereit liegen: Brot (aus Modelliermasse geformt), Weinkelch, Geldbeutel, Palmzweig.
- ☐ Die Kinder legen mit Tüchern, Naturmaterialien und anderen Gegenständen ein Bodenbild zur Geschichte.
- ☐ Die Kinder schreiben ein Elfchen (Gedicht) zum Bild oder zur Geschichte.

2. Im Garten Gethsemane
Jesus ist allein. Er weint und klagt. Gott gibt ihm Kraft und Mut.
Gruppenarbeit:

- ☐ Die Kinder setzen sich allein auf den Boden oder in eine Ecke des Klassenraums. Sie hören klagende Töne (die entweder mit einem Musikinstrumente erzeugt werden oder traurige Musik von CD, z.B. aus einer Passionsmusik). Dann werden die Kinder von einem anderen Kind oder der Lehrkraft durch Streicheln oder eine leichte Umarmung wortlos getröstet.
- ☐ Die Kinder sitzen isoliert, jeder für sich, ohne Kontakt zu den anderen. Auf den

Ton einer Klangschale hin kommen sie zusammen und begrüßen sich ohne Worte. Dann wählen sie Gegenstände aus dem Korb, die zur Geschichte passen. Bereit liegen: ein Olivenzweig, Steine, Klageworte.

- ☐ Die Kinder erstellen zu den Begriffen „Traurigkeit“ und „Einsamkeit“ mit Legematerial ein Bodenbild. Sie überlegen dann, wie sie etwas Tröstliches dazulegen können.
- ☐ Die Kinder erhalten ein Arbeitsblatt mit Buchstaben des Wortes G – e – t – h – s – e – m – a – n – e. Sie sollen Wörter finden, die zur Geschichte passen und mit den jeweiligen Buchstaben beginnen, z.B.: Gott – einsam – traurig – helfen ... Danach umkreisen sie traurige Wörter mit einem schwarzem Stift, tröstende Wörter mit einem farbigen Stift.

  ➢ **M 2**: Arbeitsblatt: Gethsemane

3. Die Gefangennahme
Jesus wird gefangen genommen.
Gruppenarbeit:

- ☐ Die Kinder binden sich gegenseitig vorsichtig und aufmerksam Hände und/oder Füße mit einem Strick. Nach einer kurzen Weile befreien sie sich wieder. Sie erzählen, wie sie sich gefühlt haben (evtl. unterstützen sie die Wiedergabe ihrer Erfahrung mit Smileys).
- ☐ Sechs Kinder bilden eine Gruppe und spielen:
  A steht allein da, B zeigt auf ihn, dann kommen C und D und führen A weg. E und F stehen dabei und schauen zu. Die Kinder zeigen in Gesten: So habe ich mich beim Spiel gefühlt.
  Die Rollen werden getauscht, jedes Kind sollte mindestens einmal jede Rolle eingenommen haben.
- ☐ Die Kinder gestalten ein Bodenbild zu den Wörtern: gefangen sein – frei sein.
- ☐ Die Kinder suchen einen Gegenstand aus dem Korb, der zur Geschichte passt, und schreiben dazu ein Dreisatz-Gedicht.[1]

  ➢ **M 3**: Dreisatz-Gedicht

4. Die Verleugnung des Petrus
Petrus sagt: »Ich kenne ihn nicht.«
Gruppenarbeit:

- ☐ Die Kinder erleben Wärme und Kälte im Wechsel. Dazu liegen ein Kühlkissen und ein warmes Kirschkernkissen (oder eine Wärmflasche) bereit. So kann das Schwanken zwischen der Wärme der Gemeinschaft und der Angst vor dem Alleinsein nachempfunden werden.
- ☐ Die Kinder suchen einen Gegenstand aus dem Korb, der zur Geschichte passt, und experimentieren damit. Bereit liegen: ein Hahn aus Modelliermasse; ein Stück Holz.
- ☐ Die Kinder spielen die Szene »Du bist doch auch einer von den Jesus-Freunden« nach und legen den Satz »Ich kenne ihn nicht« als Bodenbild aus.
- ☐ Die Kinder erhalten ein Blatt mit einer Petrusfigur und leeren Denkblasen rechts und links von ihm. Sie sprechen und schreiben in die Denkblasen, was Petrus durch den Kopf geht: einerseits – andererseits.

  ➢ **M 4**: Petrus

---

1 Idee: Edelgard Moers.

5. Verhör und Urteil

Jesus wird gefragt: »Bist du der König der Juden?«

Gruppenarbeit:

- ☐ Die Kinder spüren Dornen/Stacheln (von einer Rose oder einem Brombeerzweig) auf der Hand und äußern sich zu der Erfahrung. Danach bekommen sie einen schönen Umhang umgelegt. Sie spüren der Erfahrung des Verhörs nach.
- ☐ Die Kinder werden aufgefordert, eine Krone aus Pappe zu basteln und sie so zu verzieren, dass sie zu der Geschichte passt. Diese Krone wird anschließend in den Objektkorb gelegt.
- ☐ Die Kinder sprechen darüber, welche Gefühle in der Geschichte vorkommen. Sie reißen einzelne Stücke aus farbigem Transparentpapier und kleben diese zu einem Gemeinschaftsbild zusammen. Darauf sollte das Wort »König« zu lesen sein.
- ☐ Die Kinder schreiben ein »Siebenlein[2]« zum Wort »König«.
    - ➢ **M 5**: Vorlage: Krone
    - ➢ **M 6**: Anleitung: »Siebenlein«

6. Kreuzigung und Tod

Jesus stirbt am Kreuz. Er betet: »Mein Gott, warum hast du mich verlassen?«

Gruppenarbeit:

- ☐ Die Kinder nehmen Trauerhaltungen ein, wie sie bei den Figuren auf dem Bild zu sehen sind, und legen Gefühlskarten (Smileys) zu den Figuren.
- ☐ Die Kinder basteln ein Perlenkreuz. Sie formulieren zu jeder Perle Gedanken aus der Geschichte. Die Kreuze werden anschließend in den Objektkorb gelegt.
- ☐ Die Kinder finden Klageworte, schreiben sie auf Papierstreifen und kleben diese so auf ein kleines Plakat, dass ein Kreuz zu erkennen ist.
- ☐ Die Schülerinnen und Schüler schreiben ein »Kleines Rondell«[3] zur Geschichte.
    - ➢ **M 7**: Anleitung: Perlenkreuz
    - ➢ **M 8**: Anleitung: »Kleines Rondell«: Jesus ist gestorben

7. Ostern

Jesus ist auferstanden!

Bei dieser Osterfeier kommt es vor allem darauf an, den Übergang von der Trauer zur Freude erlebbar zu machen, die Ausbreitung der Osterfreude zu erspüren und gleichzeitig das Geheimnis von Ostern zu wahren.

Beginn im Plenum

Es werden alle Bilder des Passionsweges aufgestellt. In der Mitte der Klasse steht nun auf einem hellen Tuch die Schale mit dem inzwischen grünen Osterkreuz (s.o. S. 107 und 108). Die Jesuskerze steht daneben (noch nicht angezündet).

- ☐ Alle Kinder versammeln sich um die Schale und singen miteinander das Lied: »Korn, das in die Erde« (EG 98/ LJ 74/ LJ neu 94) oder »Freut euch, freut euch! Ostern ist da!« (LJ 336/ LJ neu 133).
  Die Lehrkraft erzählt: Jesus ist gestorben. Seine Freundinnen und Freunde waren traurig. Alles war dunkel. Nach drei Tagen gingen ein paar Frauen zum Grab, sie

---

2 Nach einer Idee von Edelgard Moers. Das »Siebenlein« besteht aus sieben Zeilen. Ein Wort wird wiederholt aufgeschrieben, dazu Gedanken, Erfahrungen, Gefühle und Wünsche.

3 Die Gedichtform »Kleines Rondell« geht ebenfalls auf eine Idee von Edelgard Moers zurück.

wollten dort trauern und dem Verstorbenen nahe sein. Aber etwas Wunderbares geschah: Jesus war nicht mehr da. Die Frauen hörten: »Jesus ist auferstanden, er lebt!«
Die Jesuskerze wird angezündet, ein leuchtendes Tuch darum gelegt – sie wird so zur Osterkerze geschmückt.
Zuerst erschraken die Frauen ... Dann aber kehrten sie um und liefen zu den anderen Freundinnen und Freunden von Jesus.
Sie riefen: **»Freut euch. Jesus lebt! Halleluja!«**

☐ Die Kinder empfinden spielend die Ausbreitung der Osterfreude nach.
Dazu nehmen zunächst alle eine traurige Haltung ein.
Die Lehrkraft geht zu einem Kind, rührt es an und sagt: »Jesus lebt! Halleluja!«
Das angerührte Kind »wacht auf«, steht auf, geht zu einem anderen Kind und sagt dasselbe. Nun werden zwei Kinder angerührt und so weiter – die Botschaft verbreitet sich wie ein Lauffeuer.
Wenn alle Kinder stehen, singen sie: »Wir singen alle Hallelu ...« (LJ 430/ LJ neu 235)

Gruppenarbeit
In kleinen Gruppen können die Kinder nun an verschiedenen Stationen die Erfahrung machen: Ostern ist die Verwandlung vom Tod zum Leben. Sie wählen möglichst selbständig, welche und wie viele Angebote sie ausprobieren möchten. Die Lehrkraft hat dazu auf Tischen einige Materialien vorbereitet. Die Aufträge können anhand von **M 10** gestaltet und je nach Lerngruppe variiert werden.

Materialien:

☐ Ein Zweig mit Dornen (von der 5. Einheit) sowie blühende Zweige
Dazu die Textkarte: Ostern – Vom Tod zum Leben. Halleluja – Jesus lebt!
Auftrag: Berührt euch gegenseitig zunächst vorsichtig mit dem Dornenzweig und dann mit den Blüten. *So sanft ist das Leben.*

☐ Einige Musikinstrumente
Dazu die Textkarte: Ostern – Vom Tod zum Leben. Halleluja – Jesus lebt!
Auftrag: Erzeugt mit den Instrumenten zuerst schrille Missklänge. Lasst die Töne dann sanfter werden zu einer schönen Melodie. *So schön klingt das Leben.*

☐ Ein schwarz-weißes Bild mit einer Szene aus der Passion (Holzschnitt) und Buntstifte
Dazu die Textkarte: Ostern – Vom Tod zum Leben. Halleluja – Jesus lebt!
Auftrag: Schaut euch das Bild an und malt es dann mit Buntstiften farbig an.
So bunt ist das Leben.

☐ Ein Bild / Foto von einem niedergedrückten Menschen
Dazu die Textkarte: Ostern – Vom Tod zum Leben. Halleluja – Jesus lebt!
Auftrag: Schaut euch das Bild an und nehmt die gleiche Haltung ein. Richtet euch dann auf und schaut euch an. *So stark ist das Leben.*

☐ Ein Massagehandschuh und Salböl (Handcreme)
Dazu die Textkarte: Ostern – Vom Tod zum Leben. Halleluja – Jesus lebt!
Auftrag: Berührt gegenseitig Hände und Gesicht zunächst vorsichtig mit dem Massagehandschuh und salbt euch dann die Hände. *So wohltuend ist das Leben.*

Abschluss im Plenum
Zum Abschluss kommen alle wieder im Kreis zusammen, erzählen von ihren Erfahrungen und tanzen zusammen einen Ostertanz.

- Lied: Freut euch, freut euch! (LJ 336/ LJ neu 133).
- Lied: Wir singen alle Hallelu … (LJ 430/ LJ neu 235)
- **M 9**: Ostertanz: Christus ist auferstanden
- **M 10**: Auftragskarten: Ostern

Hinweis: Zur Emmausgeschichte gibt es für die Grundstufe eine ausgeführte Einheit für den Unterricht in inklusiven Lerngruppen:
Ostern: Etwas Neues beginnt. Eine biblische Geschichte im inklusiven Religionsunterricht der Grundschule. In: Comenius-Institut (Hg.), Inklusive Religionslehrer_innenbildung. Module und Bausteine. Münster 2014 Modul 4, B5.

M 1

Texte zu den Bildkarten »Passion«

1	**Das Passamahl** Jesus kommt nach Jerusalem und feiert mit seinen Freunden das Passamahl. Er sagt: »Teilt miteinander Brot und Wein, dann werde ich immer bei euch sein.«
2	**Im Garten Gethsemane** Jesus ist allein. Er weint und klagt. Gott gibt ihm Kraft und Mut.
3	**Die Gefangennahme** Jesus wird gefangen genommen.
4	**Die Verleugnung des Petrus** Petrus sagt: »Ich kenne ihn nicht.«
5	**Verhör und Urteil** Jesus wird gefragt: »Bist du der König der Juden?«
6	**Kreuzigung und Tod** Jesus stirbt am Kreuz. Er betet: »Mein Gott, warum hast du mich verlassen?«

M 2 Arbeitsblatt: Gethsemane

G	
E	
T	
H	
S	
E	
M	
A	
N	
E	

Jesus ist mit seinen Jüngern im Garten Gethsemane. Es ist dunkel. Seine Freunde schlafen. Jesus hat Angst, er betet. Gott gibt ihm Kraft und Mut.

Findet Wörter, die zu der Geschichte passen.
Sie sollen mit den Buchstaben G – e – t – h – s – e – m – a – n – e beginnen (zum Beispiel: Gott – einsam – traurig / trösten).
Schreibt die Wörter in die Tabelle neben die passenden Buchstaben.
Nehmt einen schwarzen Stift und umkreist alle traurigen Wörter.
Nehmt einen farbigen Stift und umkreist alle tröstenden Wörter.
Habt ihr mehr traurige oder mehr tröstende Wörter gefunden?

M 3

Dreisatz-Gedicht

Denkt euch drei Sätze aus, die zur Geschichte der Gefangennahme Jesu passen.
Sie sollen mit den Wörtern »Gestern …«, »Heute …« und »Morgen …« beginnen.
Schreibt die Sätze auf die Linien.
Überlegt dann gemeinsam eine Überschrift und schreibt diese auf die leere Linie.
Tragt euer Gedicht der ganzen Religionsgruppe vor.

____

Gestern ____.

Heute ____.

Morgen ____.

M 5

Vorlage: Krone

Hinweis: Die Vorlage vergrößern, auf (goldenes) Tonpapier übertragen und ausschneiden. Passend zur Geschichte verzieren und zusammenkleben lassen.

M 4

Petrus

Male Petrus bunt an. Du kannst auch die Geschichte dazu malen.
Petrus überlegt: Was soll ich tun? Schreibe seine Gedanken in die Wolken.

M 6

Gedicht »Siebenlein«

Schreibt ein kleines Gedicht zur Geschichte der Verurteilung Jesu.
Ein Teil steht schon da.
Findet Gedanken und Sätze, die dazu passen.
Schreibt sie auf die leeren Zeilen. Schreibt in jede Zeile etwas.
Tragt euer Gedicht der ganzen Religionsgruppe vor.

König der Juden ______________________________

____
(Etwas, das besonders wichtig ist)

____
(Ein Ereignis)

König der Juden ______________________________

____
(Ein Gefühl)

König der Juden ______________________________

____
(Ein Wunsch)

M 7 Anleitung: Perlenkreuz

Du brauchst mindestens 10 Perlen aus Holz oder anderem Material (1 cm Durchmesser) und ein Stück Biegedraht (25 cm lang).
Fädele die Perlen so auf den Draht, dass ein Kreuz entsteht.
Oben kannst du eine kleine Schlaufe zum Aufhängen drehen.

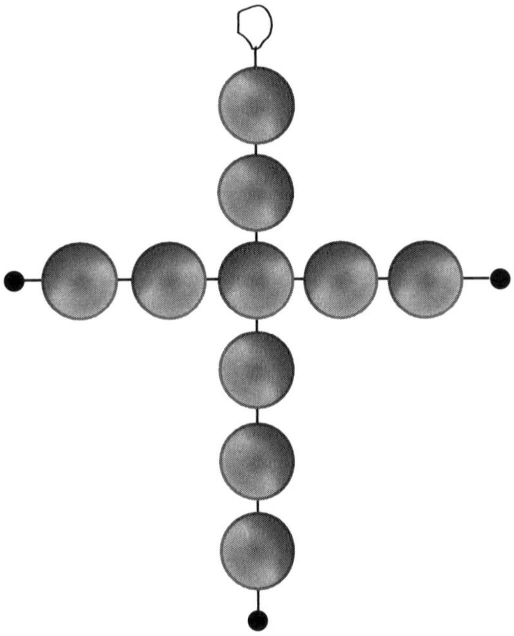

M 8 Gedicht »Kleines Rondell«: Jesus ist gestorben

Schreibt ein kleines Gedicht zu Jesus am Kreuz.
Denkt euch einen kurzen, wichtigen Satz aus und schreibt ihn auf die Zeilen mit der Eins.
Überlegt, was euch zu dem Satz einfällt, und schreibt das auf die Zeilen mit der Zwei.
Dann überlegt euch einen Satz, der zu allem passt, und schreibt ihn in die Mitte.
Tragt euer Gedicht der ganzen Religionsgruppe vor.

____ (1)

____ (2)

____

____ (1)

____ (2)

M 9

Ostertanz: Christus ist auferstanden

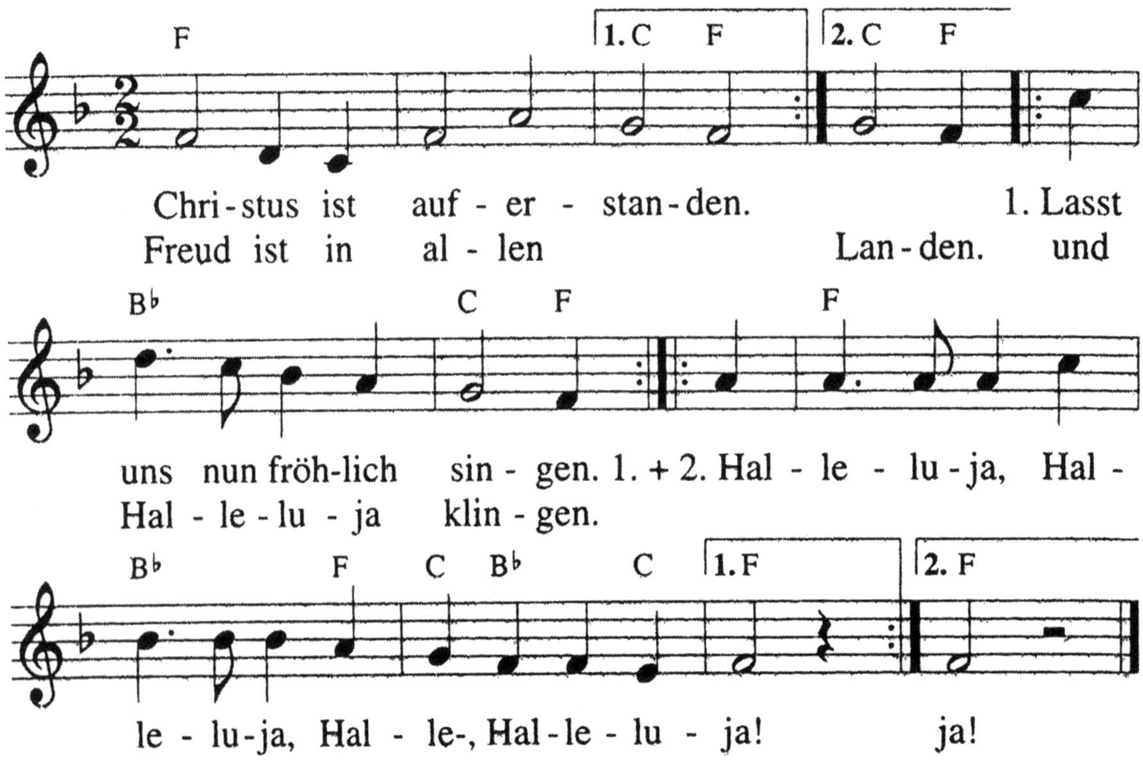

2. Wir tanzen einen Reigen
mit Flöten und mit Geigen.

Aufstellung:	Einzeln im Kreis mit dem Gesicht zur Mitte. Paarweise durchgezählt (A – B). Offene Gebärde.
Christus ist auferstanden,	*Gruppe A:* Arme langsam in orante Haltung.
Freud ist in allen Landen.	*Gruppe B:* Arme langsam in orante Haltung.

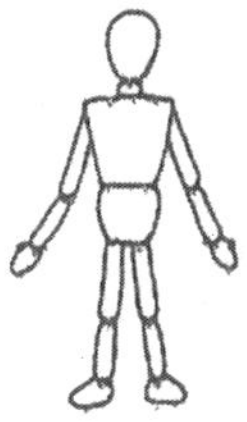

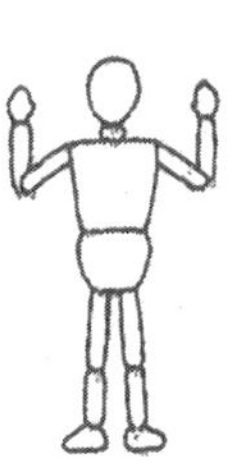

Lasst uns nun fröhlich singen
und Halleluja klingen.

Mit gesenkten Armen zum Kreis durchfassen.
8 Hüpfschritte in Tanzrichtung nach rechts, rechter Fuß beginnt.

Halleluja,

Zur Mitte gewendet, durchgefasst
1 Schritt mit dem rechten Fuß zur Mitte, den linken Fuß beigestellt.
Dabei die Arme in Reigenfassung nehmen,

Halleluja,

1 Schritt mit dem rechten Fuß zur Mitte, den linken Fuß beistellen.
Dabei die Arme nach oben strecken.

Halle-,
Halleluja!

4 Schritte zurück.
Dabei die Arme senken.

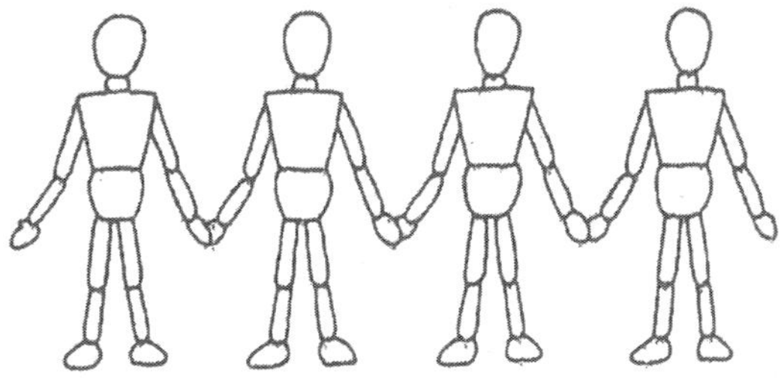

Das Halleluja wiederholen.

Aus: Elke Hirsch, Kommt, singt und tanzt, Patmos, Düsseldorf 2002, S. 46f.

M 10

Auftragskarten: Ostern

Halleluja, Jesus lebt!	Ostern – Vom Tod zum Leben

Halleluja, Jesus lebt!	Ostern – Vom Tod zum Leben

Hinweis: Dies ist eine Vorlage zur Gestaltung der Auftragskarten.
Die Aufgabenstellung je nach Lerngruppe formulieren und hineinschreiben.

3.2 Passion und Ostern – Sekundarstufe I

1. Gestalten und Feiern eines Kreuzwegs

Die Schülerinnen und Schüler bereiten gemeinsam die Feier eines Kreuzwegs vor. Dazu hören oder lesen sie die Texte zu den einzelnen Wegstationen und gestalten in kleinen Gruppen, die heterogen zusammengesetzt sind, jeweils ein Element des Kreuzwegs. Sie achten darauf, dass jedes Gruppenmitglied nach seinen Möglichkeiten und Fähigkeiten an der Gestaltung beteiligt ist.

Vorbereitung der Feier – Gruppenarbeit

Gruppe 1: Im Garten Gethsemane

Text: »Jesus kommt mit seinen Jüngern zum Ölberg. Sie gehen in einen Garten.
Er heißt Gethsemane. Jesus sagt zu seinen Jüngern:
›Bleibt hier und wartet. Ich will weitergehen und beten.‹
Jesus betet: ›Mein Vater, ist es möglich, so lass das Leiden an mir vorübergehen.
Doch nicht, was ich will, sondern dein Wille geschehe.‹«

Die Schülerinnen und Schüler überlegen: Was macht uns Angst?
Sie schreiben oder malen auf ein Blatt, was ihnen Angst macht. Die Blätter werden dann während der Feier an eine mit einem dunklen Tuch verhüllte Pinnwand geheftet und vorgelesen.

Beispiele:
- Angst vor Krieg
- Ich habe Angst, dass ich krank werde.
- Wenn meine Eltern sich streiten.
- Wenn es draußen dunkel ist.
- Als mein Opa gestorben ist
- In der Nacht
- …

Gruppe 2: Jesus wird verurteilt

Text: »Römische Soldaten kommen in den Garten. Sie nehmen Jesus gefangen.
Sie bringen ihn vor den jüdischen Rat und vor den Statthalter Pontius Pilatus.
Pilatus fragt Jesus: ›Bist du der König der Juden?‹
Jesus antwortet ihm kein Wort.
Die Soldaten machen eine Krone aus Dornenzweigen und setzen sie ihm auf.
Sie legen ihm einen purpurroten Mantel um und spotten: ›Hoch lebe der König der Juden!‹
Jesus ist unschuldig. Dennoch wird er von Pilatus zum Tod verurteilt.«

Die Schülerinnen und Schüler gestalten ein Nagelkreuz (s. S. 126).
Sie überlegen: Wo bin ich ungerecht behandelt worden? Wann habe ich mich gefangen gefühlt? Was macht mich traurig? Wie ist es, wenn andere über mich spotten?
Sie schreiben oder malen diese Gedanken auf Zettel, falten sie zusammen und heften sie an das Kreuz. Sie können auch ein Symbol für ihre Gedanken wählen und damit die Anonymität wahren.
Während der Feier wird das Kreuz aufgerichtet. Alle Teilnehmenden können eigene Klagen an das Kreuz heften, dafür liegen leere Blätter und Stifte bereit.

Gruppe 3: Jesus trägt das schwere Kreuz

Text: »Die Soldaten legen Jesus das Kreuz auf die Schultern.
Er trägt es den Berg Golgatha hinauf.
Das Kreuz wird ihm zu schwer. Er bricht unter der Last zusammen. Aber er nimmt all seine Kraft zusammen und geht seinen Weg weiter.«

Die Schülerinnen und Schüler überlegen und probieren aus, was sie alles tragen können und welche Kraft sie haben.
Sie tauschen sich dann darüber aus, dass es Dinge gibt, die schwer zu ertragen sind.
Zu beiden Erfahrungen formulieren sie entsprechende Sätze. Beispiele:

- Ich kann meine Schultasche tragen. – Aber ich kann es nicht ertragen, wenn mich mein Lehrer hetzt.
- Ich kann einen Wasserkasten tragen. – Aber ich kann es nicht ertragen, wenn ich mit meiner Mutter streite.
- Ich kann ... tragen. – Aber ich kann es nicht ertragen, wenn ...

Während der Feier stellen sie sich vor ein Bild mit einem Menschen, der hingefallen ist, und tragen ihre Sätze vor. Die anderen Teilnehmenden können von eigenen Erfahrungen erzählen.

Gruppe 4: Simon hilft Jesus, das Kreuz zu tragen

Text: »Jesus ist zu schwach, sein Kreuz allein zu tragen. Die Soldaten sehen das. Sie befehlen einem Mann, der gerade vom Feld kommt, Jesus zu helfen. Er heißt Simon von Kyrene. Simon hilft Jesus, das Kreuz zu tragen.«

Die Schülerinnen und Schüler denken darüber nach, wann und wie »Hände« helfen können. Sie erproben dies im Rollenspiel und bereiten eine Pantomime vor. Beispiele:

- Hände können sich begrüßen und dadurch Freude und Mut machen.
- Hände können streicheln oder massieren und dadurch Wohlgefühl erzeugen.
- Hände können Brot brechen und andere stärken.
- Hände können ...

Während der Feier stellen sie sich vor ein violettes Tuch und tragen ihre Pantomime nacheinander vor.

Gruppe 5: Kreuzigung und Tod

Text: »Sie kommen auf dem Berg Golgatha an. Die Soldaten nageln Jesus ans Kreuz. Oben an das Kreuz hängen sie ein Schild. Dort ist zu lesen: ›Jesus von Nazareth, König der Juden‹.
Jesus hängt am Kreuz. Um drei Uhr ruft er laut: »Mein Gott, mein Gott, warum hast du mich verlassen?« Dann stirbt er. Ein Soldat, der das Kreuz bewacht, sieht es und staunt: ›Wahrhaftig, dieser Mensch ist Gottes Sohn.‹«

Die Schülerinnen und Schüler erhalten ein Bild des gekreuzigten Christus (**M 2**)[1]. Sie kleben es in die Mitte eines Plakates. Sie überlegen: Wann und wo gibt es heute – unter uns – Gewalt. Sie malen (oder schreiben) an die vier Enden des Kreuzes Bilder von Gewaltsituationen aus dem Schulalltag. Sie ergänzen dies mit Bildern von Gewalt aus Zeitungen, Zeitschriften oder dem Internet.
Während der Feier stellen sie ihr Plakat vor. Alle schweigen und denken darüber nach.

---

1 Weitere Bilder finden sich z.B. in: Arbeitshilfe Religion Grundschule. NEU. 3./4. Schuljahr, 2. Teilband, Stuttgart 2013.

Die Feier des Kreuzwegs

Für die Feier des Kreuzweges werden die einzelnen Stationen aufgebaut und nacheinander abgeschritten. An jeder Station trägt die Gruppe ihre Präsentation vor, es wird ein Lied gesungen und ein Gebet gesprochen. Nach einer kurzen Zeit der Ruhe geht der Weg weiter.
Beispiel für ein Gebet:

- »Jesus, du kennst Hohn und Spott. Wir denken an alle Menschen, die verspottet werden. Wir denken an alle Menschen, die verleumdet, verurteilt, abgeschrieben, ausgegrenzt werden. Hilf uns, sie zu trösten.«
- »Jesus, du kennst ... Wir denken an alle Menschen, die ... Hilf uns, sie ...«

2. Weitere Möglichkeiten zur Kreuzweg-Gestaltung

☐ Die Schülerinnen und Schüler übertragen einzelne Szenen des Kreuzwegs Jesu in ihre Lebenswelt und gestalten dazu in Körperarbeit passende Standbilder. Diese werden fotografiert, mit einer Unterschrift versehen und in der Schule präsentiert.

☐ Die Schülerinnen und Schüler erschließen das Symbol »Kreuz« und gestalten mit Farben großflächige, individuelle Kreuzwegbilder. Diese werden zunächst in der Klasse und dann in einem Gottesdienst präsentiert. Vgl. dazu Stefan Kammerer, »Durchkreuzt – ein Konfi-Kreuzweg«, zu beziehen über das Religionspädagogische Institut Karlsruhe.

3. Warum musste Jesus sterben?

Die Schülerinnen und Schüler hören oder lesen einen kurzen Text (**M 1**). Ein Bild von einem Kruzifix in einer Kirche wird an der Tafel angebracht (oder an die Wand projiziert).

☐ Zunächst spielen die Schülerinnen und Schüler die Szene: Einer ist Achmed, er fragt die anderen: Warum hängt der da? Die anderen versuchen, Achmed zu antworten.

☐ In einem weiteren Schritt erhalten sie drei Bilder, die unterschiedliche Kreuzigungsszenen darstellen (Vorschläge mit Internet-Links finden sich in **M 2**). Sie überlegen gemeinsam: Welche Antwort geben die Künstler? Dazu können sie einen »Hilfetext« erhalten (**M 2**). Sie geben den Bildern eine Überschrift.

☐ Dann versetzen sie sich in die Position des Künstlers und geben Achmed eine Antwort: »Ich habe die Kreuzigung gemalt. Ich glaube, dass Jesus sterben musste, weil ...«

☐ Abschließend erhalten die Schülerinnen und Schüler die Kopie einer Kruzifix-Darstellung und übermalen das Kruzifix – wie Arnulf Rainer – mit Farben ihrer Wahl. Sie geben ihrem Bild eine Überschrift.

 ➢ **M 1**: Der Mann am Balken

 ➢ **M 2**: Texte zu drei Kreuzigungsbildern

4. Ostern – vom Tod zum Leben

In diesem Abschnitt geht es darum, den Schülerinnen und Schüler die Erfahrung von Ostern zu ermöglichen. Es geht um den Übergang vom Tod zum Leben. Dabei werden verschiedene Aneignungswege berücksichtigt (vgl. auch die Vorschläge im Grundstufenteil, S. 111ff.).

Vom Dunkel ins Licht – Ostern: Jesus lebt.

Die Schülerinnen und Schüler sitzen in einem möglichst dunklen Raum. Jeder hat ein (noch nicht angezündetes) Teelicht im Glas vor sich stehen. In einer Ecke steht ein Schüler mit der Jesuskerze (die ebenfalls noch nicht angezündet ist). Die Lehrkraft erinnert an das Sterben Jesu und die Trauer seiner Freundinnen und Freunde. Sie lässt dazu leise, traurige Musik erklingen.

Dann erzählt die Lehrkraft von der Erfahrung der Frauen am leeren Grab, die hören: »Jesus ist nicht tot, er lebt!« Dazu erklingt fröhliche Musik. Der Schüler zündet die Jesuskerze an und trägt sie in die Mitte. Von dort aus werden nach und nach alle Kerzen der Schülerinnen und Schüler angezündet.

Ein Osterkanon wird gesungen, z.B: »Der Herr ist auferstanden!« (LJ 334/ LJ neu 115).

Von der Last zur Leichtigkeit – Ostern: Jesus lebt.

Einige Schülerinnen und Schüler lagern sich (oder werden gelagert) auf einer Unterlage. Eine dunkle Decke wird über ihre Beine gebreitet. Die Lehrkraft erinnert an das Sterben Jesu und die Trauer seiner Freundinnen und Freunde. Trauer ist wie ein schwerer Stein.

Vorsichtig und achtsam werden nun schwere Steine auf die Decke gelegt. Der Druck soll zu spüren sein. Die Schülerinnen und Schüler geben ein Signal, wenn es ihnen zu schwer wird.

Dann wird die Decke mit den Steinen von vier Personen hochgehoben und beiseite gelegt. Leichte, weiche und helle Tücher werden über die Schülerinnen und Schüler gebreitet. Die Lehrkraft erzählt von der Oster-Erfahrung der Freunde Jesu. Jesus ist nicht tot, er lebt. Freude ist wie ein leichtes Tuch.

Auch diese Aktion kann von entsprechender Musik (dunkel und schwer – leicht und hell) begleitet werden.

Anschließend gestalten die Schülerinnen und Schüler diese Erfahrung in einem Gemeinschaftsbild mit Farben zu den Worten: Jesus ist gestorben – Jesus lebt.

Von der Klage zum Dank – Ostern: Jesus lebt.

Ein großes Holzkreuz wird in die Mitte des Raums gelegt. Die Schülerinnen und Schüler schlagen Nägel in das Kreuz. Sie heften Texte mit Psalmworten der Klage und des Leids an die Nägel.

Dann schreiben oder malen sie Worte des Trostes und der Freude auf farbige Papierblumen und schmücken das Kreuz mit diesen Blumen. Das Passionskreuz wird so in ein Osterkreuz verwandelt.

➢ **M 3**: Klageworte

Von der Trauer zur Freude – Ostern: Jesus lebt.
Die Schülerinnen und Schüler erhalten Kreuze aus Karton und gestalten sie. Auf eine Seite kleben sie Buntpapierschnipsel, sodass die Traurigkeit über den Tod Jesu erkennbar wird.
Dann drehen sie die Kreuze um und gestalten sie mit Osterfarben.

- **M 4**: Kreuzvorlagen

Vom Schweigen zum Klingen – Ostern: Jesus lebt.
Die Schülerinnen und Schüler erhalten ein Bild von den Emmaus-Jüngern, z.B. den Holzschnitt »Gang nach Emmaus« von Karl Schmidt-Rottluff (1918). Sie empfinden den Weg der traurigen Jünger nach Emmaus mit Musikinstrumenten nach. Nach einer Pause lassen sie den Rückweg erklingen, auf dem die Jünger von der Freude über die Begegnung mit Jesus erfüllt sind.

Von der Einsamkeit zur Gemeinsamkeit – Ostern: Jesus lebt.
Die Schülerinnen und Schüler machen eine Körperübung. Zunächst gehen alle mit gesenkten Köpfen, den Blick auf den Boden gerichtet, durch den Raum. Sie nehmen sich gegenseitig nicht wahr. Auf ein Zeichen (Klangschale) hin bleiben sie stehen, heben die Köpfe und finden eine/n Partner/in. Sie gehen ein Stück nebeneinander und sprechen leise über die Erfahrung des Alleinseins. Auf ein weiteres Zeichen hin stellen sich die Paare Rücken an Rücken und fassen sich an den Händen. Sie einigen sich darauf, wer zuerst »führt«. Der Führende geht nun langsam weiter, der Geführte geht rückwärts mit ihm mit. Die Rollen werden getauscht und anschließend sprechen die Schülerinnen und Schüler über ihre Erfahrungen.

Auf dem Weg in die Freude – Ostern: Jesus lebt.
Die Schülerinnen und Schüler erhalten ein Bild von den Emmaus-Jüngern, z.B. ebenfalls den Holzschnitt »Gang nach Emmaus« von Karl Schmidt-Rottluff (1918). Sie lesen die Geschichte aus der Geschichtenbox. Dann spielen sie die Geschichte weiter: Die beiden Jünger treffen in Jerusalem die anderen Jünger. Wie geht es weiter?

Farben der Freude – Ostern: Jesus lebt.
Die Schülerinnen und Schüler erhalten den Text der Ostergeschichte nach Markus (Markus 16,1–8). Sie kleben ihn in die Mitte eines Plakates und gestalten dieses mit Osterfarben.

Eine freudige Nachricht breitet sich aus: Die Entstehung der Osterbotschaft
Die Schülerinnen und Schüler erarbeiten sich mit Hilfe von Arbeitsblättern die Entstehung der Ostergeschichten. Sie erfahren, wie das Bekenntnis »Jesus lebt« zu ganzen Geschichten von Ostern wurde. Abschließend schreiben sie die Geschichte von Ostern weiter.

- **M 5**: Arbeitsblätter: Osterbotschaft

M 1 Der Mann am Balken

»Warum hängt der Mann an dem Balken?«, fragte Achmed und zeigte auf das Kreuz. »Das ist Jesus«, sagte Tilla. »Wer ist das?«, fragte Achmed. »Der hat gesagt, dass Gott alle Kinder lieb hat«, sagte Tilla. »Und warum hängt er da?«, fragte Achmed. »Weiß auch nicht«, sagte Tilla. »Komisch«, sagte Achmed.

Hans May

aus: In unserem Haus, Verlag Moritz Diesterweg, Frankfurt a.M. 1974.

M 2 Texte zu drei Kreuzigungsbildern

1. **Matthias Grünewald, Tauberbischofsheimer Altar**
   Z.B. unter *https://commons.wikimedia.org* und
   https://de.wikipedia.org/wiki/Tauberbischofsheimer_Altar
2. **Arnulf Rainer, Christus-Übermalung 1984**
   Z.B. unter *www.bildimpuls.de* (Suche / Arnulf Rainer / Begegnung) und
   http://bildimpuls.de/rw_e13v/module/art2/default.asp?WebID=Bildimpuls&modus=det&ID=130
3. **Gotisches Astkreuz mit dem lächelnden Christus** in der Chorkapelle der Abtei St. Walburg in Eichstätt. Unter *www.calwer.com* unter »kostenlose Downloads« bei diesem Titel

Die drei Kreuzigungsbilder sind im Internet jeweils unter den genannten Links zu finden.

Texte zu den Bildern

1. **Matthias Grünewald** zeigt uns den sterbenden Christus. Die Dornenkrone drückt sich tief in sein Haupt, der fast nackte Körper ist mit Wunden bedeckt und aus seiner Seite fließt das Blut.
   Der Maler drückt aus: Gott stellt sich auf die Seite der Menschen. Christus teilt Leid, Schmerz und Tod mit uns, er steht auf unserer Seite.
2. **Arnulf Rainer** hat das Gesicht des Gekreuzigten übermalt. Es ist im Hintergrund noch zu sehen. Aber die Hände des Künstlers haben den leidenden Christus mit gelber Farbe übermalt. Der Künstler ist ihm dabei ganz nah gekommen. Wie deutet er das Leid?
3. Der **unbekannte Künstler aus Eichstädt** gestaltet das Kreuz ganz anders. Christus breitet die Arme aus und lächelt. Das Sterben Jesu ist ein Sieg über die Sünde und alle Mächte des Todes.
   So haben die ersten Christen bis ins Mittelalter hinein den Tod Jesu gedeutet: Gott lächelt und zeigt uns am Kreuz seine Liebe.

M 3

Klageworte

Mein Gott, warum hast du mich verlassen?
Mein Gott, ich rufe, doch du gibst keine Antwort.
Ich bin von vielen verachtet.
Sei nicht weit weg, denn die Not ist groß.
Niemand ist da, der mir hilft.
Gott, halte dich nicht fern! Komm mir zu Hilfe!

M 4

Kreuzvorlagen

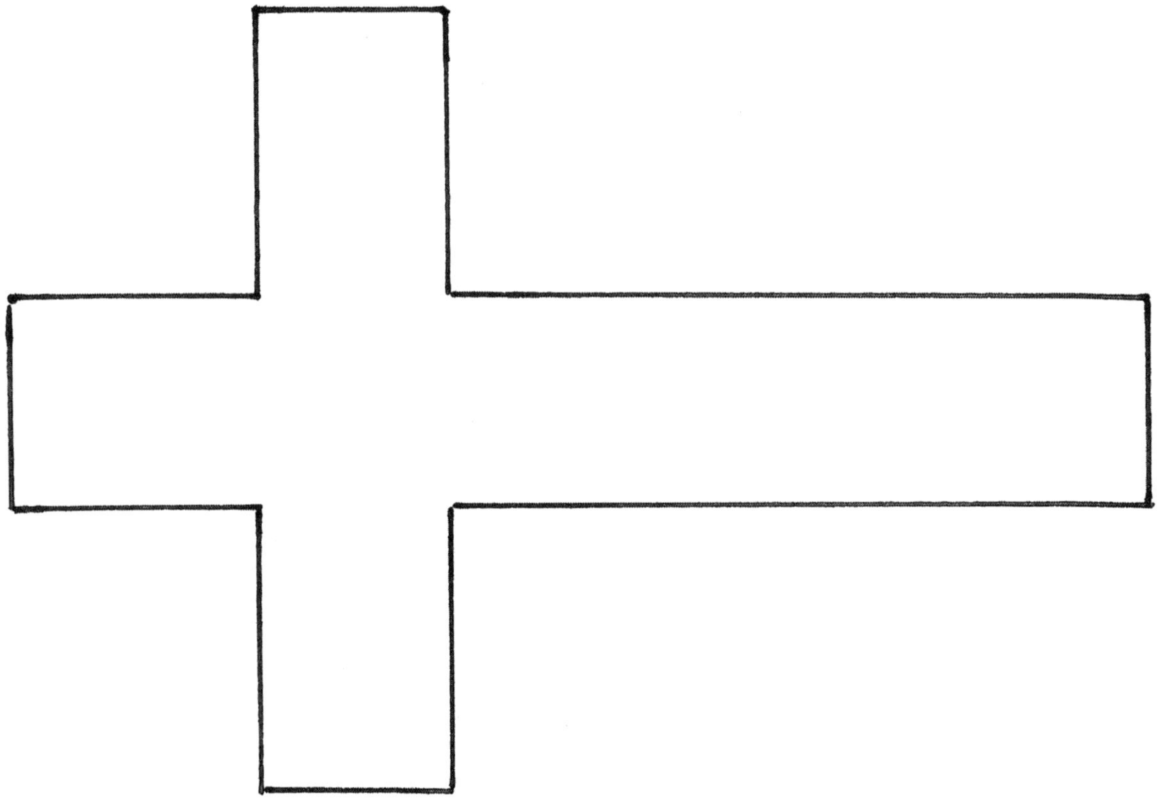

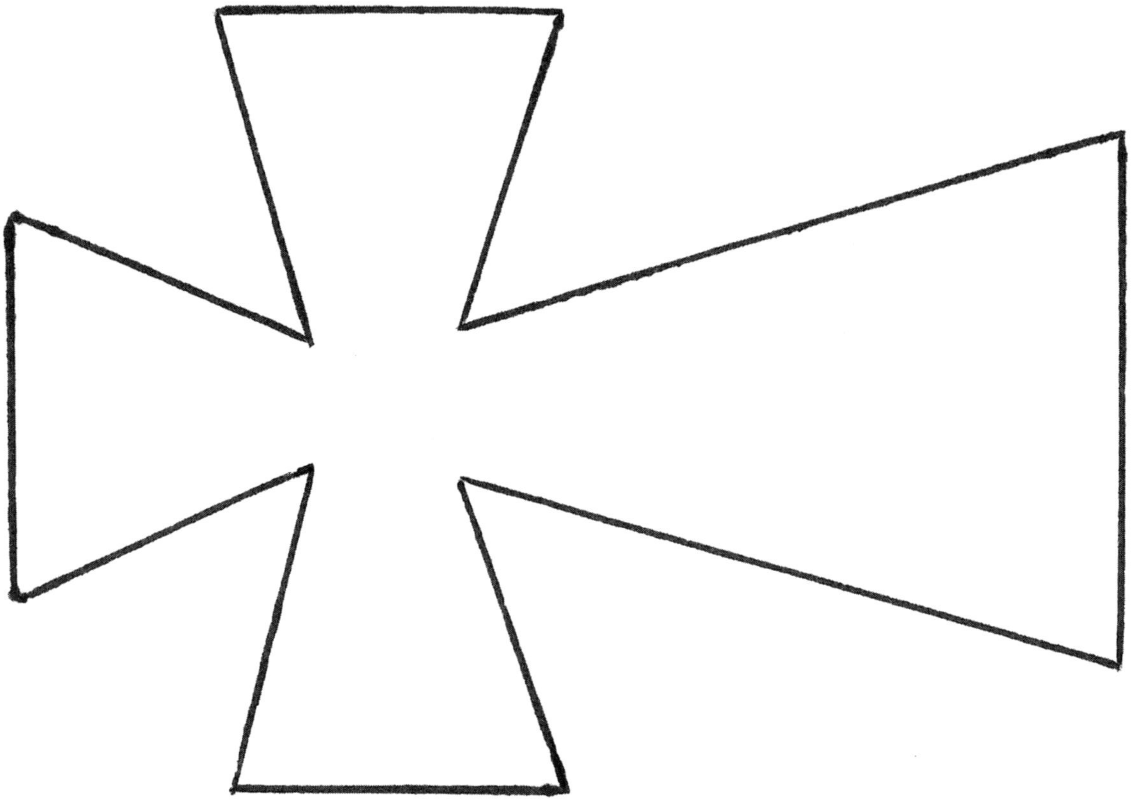

M 5

Arbeitsblätter: Osterbotschaft

1. So fing es an

☐ Jesus war am Kreuz gestorben und ist begraben worden. Aber nach drei Tagen ist er seinen Freunden begegnet. Dieses Geheimnis kann niemand verstehen. Die Freunde sagten: »Gott hat Jesus auferweckt, das können wir alle bezeugen!« (Apostelgeschichte 2,32). Jesus lebt, er ist nicht tot!
Davon haben sie allen Leuten immer wieder erzählt, sie konnten gar nicht anders.

☐ Manche Menschen glaubten den Freunden Jesu, aber andere fragten: »Wir können Jesus gar nicht sehen. Wo ist er denn jetzt?«
Paulus antwortet darauf so: »Gott hat Jesus von den Toten auferweckt und ihm die Herrlichkeit gegeben, damit ihr Glauben und Hoffnung zu Gott habt«. (1. Thessalonicher 1,10). Jesus ist bei Gott in seiner Herrlichkeit. Daran können wir glauben und im Leben und im Tod auf Gott vertrauen. Er wird auch uns auferwecken.

☐ »Das hört sich gut an«, sagten die Leute, »aber: Warum musste Jesus denn überhaupt sterben?« Das war eine schwere Frage, sie war gar nicht leicht zu beantworten.
Die Freunde Jesu lasen in ihrer Bibel, dem Alten Testament (der ›Schrift‹). Und dort fanden sie eine Antwort. Paulus hat sie aufgeschrieben:
»Jesus ist für unsere Sünden gestorben, so steht es in der Schrift, und er ist auferstanden am dritten Tag, auch so steht es in der Schrift. Viele haben ihn gesehen und davon erzählt. Ich erzähle es weiter und ihr sollt es auch immer weiter erzählen.« (1. Korinther 15,3–5).

Und so ging es weiter

☐ Viele Jahre später haben die Christen ihren Glauben zusammengefasst.
In ihrem Glaubensbekenntnis heißt das so:
»Ich glaube an Jesus Christus, ...
gelitten unter Pontius Pilatus,
gekreuzigt, gestorben und begraben,
hinabgestiegen in das Reich des Todes,
am dritten Tage auferstanden von den Toten,
aufgefahren in den Himmel;
er sitzt zur Rechten Gottes, des allmächtigen Vaters;
von dort wird er kommen, zu richten die Lebenden und die Toten.«

Auszug aus dem Apostolischen Glaubensbekenntnis, entstanden um 350 n.Chr.

Diese Worte beten bis heute viele Christen im Gottesdienst.

Versucht, dieses Glaubensbekenntnis in eure heutige Sprache zu übersetzen.
Unterstreicht dazu im Text alles, was euch wichtig ist.
Sprecht miteinander darüber und schreibt gemeinsam ein Bekenntnis.
Wir glauben ...

Tragt den anderen euer Glaubensbekenntnis vor und erklärt ihnen, was ihr gelernt habt.

2. Und die Ostergeschichten?

☐ Die Freunde von Jesus erzählten überall:
»Jesus lebt! Er ist auferstanden! Wir glauben, dass Gott alle Menschen liebt.«
Sie waren so begeistert, dass viele ihnen zuhörten und auch zu Jesus Christus gehören wollten. Sie nannten sich Christen.

☐ Die ersten Christen erzählten sich gegenseitig und auch ihren Kindern viele Geschichten von Jesus, auch von seinem Tod am Kreuz. Nur von seiner Auferstehung gab es keine Geschichte. Es war ja niemand dabei gewesen.
Aber alle wussten und glaubten: Jesus ist nicht tot, er lebt, er ist nicht mehr in dem Grab, in das er gelegt wurde. Er ist bei Gott in seiner Herrlichkeit.

☐ Und so erzählten sie davon:
»Als Jesus gestorben war, wurde er in einer Felsenhöhle begraben. Ein schwerer Stein verschloss die Höhle. Alle, die Jesus kannten, waren traurig. Er hatte so wunderbare Dinge getan und so erstaunliche Geschichten erzählt. Sie waren ihm so gerne gefolgt. Was konnten sie nun tun?
Drei Frauen wollten wenigstens zum Grab gehen, um dort Jesus nahe zu sein.
Aber als sie zum Grab kamen, sahen sie: Der schwere Stein war weg, das Grab war leer. Sie hörten jemanden sagen: »Jesus ist nicht hier, er ist auferweckt. Sucht ihn bei seinen Freunden«. Die Frauen erschraken, konnte das sein? Sie konnten es kaum glauben. Aber als sie zu den Freunden zurückkamen, sagten diese: »Wir haben Jesus gesehen, er lebt! Freut euch!« (Nach Markus 16).

Ihr könnt diese Geschichte in der Bibel nachlesen. Sie steht bei Markus, Kapitel 16, Verse 1–16. Auch die Evangelisten Matthäus und Lukas und Johannes erzählen davon, jeder auf seine Weise.

Wie würdet ihr davon heute erzählen?
Schreibt eine Ostergeschichte. Ihr könnt auch eine Bildergeschichte gestalten. Erzählt oder zeigt den anderen eure Geschichten und erklärt ihnen, was ihr über die Ostergeschichten der Bibel gelernt habt.

Literatur

Berg, Horst Klaus / Weber, Ulrike: So lebten die Menschen zur Zeit Jesu. Sonderausgabe. Stuttgart ^{3}2007.

Berryman, Jerome W.: Godly Play. Weihnachtsfestkreis und Gleichnisse. Hg. v. Martin Steinhäuser, Leipzig 2006.

Bundesverband evangelische Behindertenhilfe e.V. (Hg.): »Schau doch meine Hände an«. Gebärdensammlung zur Kommunikation mit nichtsprechenden Menschen. Diakonie Verlag, Reutlingen.

Comenius-Institut (Hg.): Ostern: Etwas Neues beginnt. Eine biblische Geschichte im inklusiven Religionsunterricht der Grundschule. In: Comenius-Institut (Hg.): Inklusive Religionslehrer/innenbildung. Module und Bausteine. Münster 2014 Modul 4, B5.

Hirsch, Elke: Kommt, singt und tanzt. Düsseldorf 2002.

Kammerer, Stefan: Durchkreuzt – ein Konfi-Kreuzweg. Zu beziehen über das RPI Karlsruhe.

Rheinischer Verband für Kindergottesdienst (Hg.), Rüdiger Maschwitz u.a.: Von Ostern her gesehen: Gottesdienste und Projektideen für die Passions- und Osterzeit mit Kindern. Leinfelden-Echterdingen ^{2}2015.

Steinwede, Dietrich / Ruprecht, Sabine (Hg.): Vorlesebuch Religion: Für Kinder von 5–12. Band 3. Lahr u.a. 1992.

Walter, Ulrich / Horn, Reinhard: Jesusgeschichten mit dem Friedenskreuz. Lippstadt 2014.

Willms, Wilhelm: der geerdete Himmel. Kevelaer ^{7}1986.

Liederbücher

Ebert, Andreas / Küstenmacher, Werner Tiki / u.a. (Hg.): Das Kindergesangbuch. München ^{12}2014.

Ebinger, Thomas / Knapp, Damaris / u.a. (Hg.): Kommt und singt – Liederbuch für die Jugend. Gütersloh 2015.

Krenzer, Rolf: Das große Liederbuch: 135 religiöse Lieder für Kindergarten, Schule und Gottesdienst. Limburg ^{4}1997.

Krenzer, Rolf (Hg.): Regenbogen bunt und schön. Einfache Lieder zur Bibel. Lahr u.a. 1981.

Menschens Kinder Lieder – Ein Liederbuch zu den Kinderkirchentagen 1987 und darüber hinaus. Frankfurt ^{16}1995.